**Italo Zvevo**
**NESLANA ŠALA**

# REČ I MISAO
KNJIGA 565

Urednik
JOVICA AĆIN

S italijanskog prevela
ELIZABET VASILJEVIĆ

ITALO ZVEVO

# NESLANA ŠALA

*Roman*

IZDAVAČKO PREDUZEĆE „RAD"
BEOGRAD

*Izvornik*

Italo Zvevo
*Una Burla Riuscita*
1926

I

Mario Samilji je bio čovek od pera, gotovo šezdesetogodišnjak. Roman koji je objavio pre četrdeset leta, mogao bi se smatrati mrtvim kad bi na ovom svetu umele da umiru stvari koje nikada nisu bile žive. Ubledeo i pomalo smalaksao, Mario je, ipak, dugi niz godina nastavio da živi jednim smirenim životom zahvaljujući bednom poslu koji mu nije zadavao prevelike muke niti mu je donosio veliku zaradu. Takav život je zdrav, a postaje još zdraviji ako je, kao u Mariovom slučaju, začinjen ponekim lepim snom. U tim godinama, on je i dalje smatrao da je predodređen za slavu, ne zbog onoga što je uradio niti zbog onoga što se nadao da može da uradi, već onako, jer ga je strahovita tromost, ista ona koja ga je sputavala da se na bilo koji način pobuni protiv svog usuda, sprečavala da se upusti u naporan posao rušenja ubeđenja uobličenog u njegovoj glavi pre mnogo godina. Ali tako se na kraju pokazalo da i moć sudbine ima svoje granice. Život je Mariju slomio poneku kosku, ali su mu ostali nedirnuti najvažniji organi, samopoštovanje, a donekle i poštovanje prema drugima, od kojih svakako zavisi slava. Išao je kroz svoj tužni život uvek praćen nekim osećanjem zadovoljstva.

Malo je njih moglo naslutiti toliku uobraženost kod njega, jer ju je Mario krio s onom lukavošću, bezmalo nesvesnom kod sanjara, koja mu omogućava da svoj san zaštiti od sudara s najsurovijim stvarima ovoga sveta. Uprkos tome, njegov san bi se povremeno pomaljao, i tad bi onaj kome je bio drag štitio tu bezazlenu uobraženost, dok su se drugi, kad bi čuli kako Mario samouvereno sudi o živim i mrtvim piscima, a katkad čak citira sebe kao preteču, smejali, ali dobroćudno, videvši ga kako crveni kao što to ume i jedan šezdesetogodišnjak, kad je čovek od pera i još u takvoj situaciji. Uostalom, smeh je zdrav i lekovit. I tako je svima bilo dobro: Mariju, njegovim prijateljima, pa i njegovim neprijateljima.

Mario je vrlo malo pisao, štaviše, dugo ga ništa nije povezivalo s piscem osim olovke i uvek bele hartije, koje su spremne ležale na radnom stolu. Behu to njegove najsrećnije godine, tako pune snova i lišene bilo kakvog mukotrpnog iskustva, drugo po redu zablistalo detinjstvo poželjnije čak i od zrelog doba najuspešnijeg pisca koji ume da izbaci sebe na hartiju, pri čemu mu reč pre pomaže nego što ga sputava, a onda ostane poput prazne kore koja još veruje da je ukusno voće.

To vreme je moglo ostati srećno samo dok je trajao trud da se iz njega izađe. A kod Marija je taj trud, ne previše poletan, uvek postojao. Srećom, nije nalazio izlaz koji bi ga odveo daleko od te silne sreće. Napisati još jedan roman poput onog starog, nastalog iz divljenja prema osobama koje su daleko iznad njega po bogatstvu i položaju, a probuđenog uz pomoć teleskopa, bio je nemoguć poduhvat. On je i dalje voleo taj svoj roman jer je mogao da ga voli bez velike muke, i činilo mu se da je životan kao i sve stvari koje naizgled imaju i glavu i rep. Ali kad bi poželeo da se ponovo vrati tim ljudskim senkama, kako bi ih rečima preneo na hartiju, osetio bi neku spasonosnu odbojnost. Potpuna, premda nesvesna zrelost njegovih šezdeset leta nije mu dopuštala tako nešto. No nije pomišljao na to da opiše neki skromniji život, svoj, na primer, uzoran po kreposti, i tako postojan zbog one predanosti sudbini koja je njime upravljala, i kojom se nije razmetao niti o njoj pričao, toliko je već obeležila njegovo ja. Za to nažalost nije imao sredstvo pa ni osećanja, što je bio istinski nedostatak, ali čest kod onih kojima nije bilo dato da upoznaju neki uzvišeniji život. I on na kraju napusti čoveka i njegov život, i uzvišen i prizeman, ili bar poverova da ga je ostavio, i posveti se, ili bar poverova u to, životinjama, počevši da piše basne. Jako kratke, uštogljene, prave male mumije (ne leševi, jer nisu čak ni vonjale), dolazile su mu tako u trenucima dokolice. Onako nezreo (ne zbog poznih godina, jer uvek je bio takav) zaključi da su one početak, dobra vežba, usavršavanje, i oseti se mladim i srećnijim nego ikad.

Isprva, ponavljajući grešku iz mladosti, pisao je o životinjama o kojima je vrlo malo znao, i njegove basne su odjekivale od zavijanja i rike. Onda postade čovečniji, ako se tako može reći, počevši da piše o životinjama koje je mislio da poznaje. Tako mu je muva podarila pregršt basni pokazujući da je mnogo korisnije stvorenje nego što se misli. U jednoj od njih divio se brzini tog dvokrilca, sasvim beskorisnoj pošto mu nije služila ni da stigne plen ni da osigura svoju bezbednost. Naravoučenije je tu donela kornjača. Druga basna je veličala muvu koja uništava sve one nečiste stvari, njoj samoj toliko mile. Treća se čudom čudila kako muva, očima najobdarenije stvorenje, vidi tako slabo. Najzad, jedna je govorila o čoveku koji je, spljeskavši dosadnu muvu, uzviknuo: »Učinio sam ti uslugu; sad više nisi muva«. Tako je bilo lako svakodnevno imati gotovu basnu pre jutarnje kafe. Trebalo je da dođe rat da bi naučio da basna može postati izraz vlastitog duha, koji tako uvodi malu mumiju u mašineriju života, kao jedan od svojih organa. I evo kako se to zbilo.

Po izbijanju italijanskog rata, Mario je strahovao da će žrtva prvih progona koje carska austrougarska policija bude napravila u Trstu, biti baš on – jedan od malobrojnih ljudi od pera koji su ostali u gradu – i to na pravom pravcatom suđenju odakle će možda biti poslat na vešala. Obuzimao ga je užas al' istovremeno i nada, te je čas likovao a čas premirao od straha. On je zamišljao da bi njegove sudije, čitav jedan ratni savet sačinjen od predstavnika svih vojnih činova, od generala pa naniže, morale da pročitaju njegov roman, i – ako je za pravdu – da ga prouče. Onda bi, naravno, došao nešto tužniji trenutak. Ali, ako ratni savet ne bude sačinjen od varvara, postojala je nada da bi mu, posle čitanja romana, za nagradu, mogli poštedeti život. I tako je on za vreme rata pisao mnogo, drhteći od nade i od užasa čak i više od nekog pisca svesnog da postoji publika koja iščekuje njegovu reč da o njoj sudi. Ali je, iz predostrožnosti, pisao samo basne neodređenog značenja, te mu tako, između nade i straha, male mumije oživeše. Pa ne bi valjda ratni savet mogao tako lako da ga osudi zbog basne koja je govorila o onom velikom i snažnom gorostasu što se u nekoj močvari bori protiv životinja slabijih od sebe i gubi život, naravno pobedonosno, u blatu koje propada pod njegovom težinom. Ko bi mogao da dokaže da je bila reč o Nemačkoj? I zašto pomisliti na tu istu Nemačku u slučaju onog lava, koji je uvek pobeđivao, jer se nije previše udaljavao od svoje velike lepe jazbine, sve dok se nije otkrilo da je velika lepa jazbina pogodna da se u nju pusti dim i uspešno ga istera napolje?

Ali Mario se tako naviknu da kroz život stalno ide u društvu basni, kao da su džepovi njegovog odela: književni napredak koji je dugovao policiji, onoj istoj za koju se na kraju ispostavilo da uopšte nije upoznata s postojanjem domaće književnosti i koja je, tokom čitavog rata, ostavila jadnog Marija na miru, razočaranog i umirenog.

Zatim je došlo do još jednog manjeg pomaka u njegovom radu kada je počeo da bira primerenije likove. To više nisu bili slonovi, iz dalekih krajeva, niti muve s praznim, bezizražajnim očima, već dragi, majušni vrapci koje je on, dopustivši sebi taj luksuz (tih dana u Trstu veliki luksuz), hranio u svom dvorištu mrvicama hleba. Svakog dana provodio je neko vreme gledajući ih kako se kreću, i to je bio najblistaviji trenutak dana, jer je bio najknjiževniji, možda književniji od samih basni koje su se iz njega rađale. Poželeo je čak i da poljubi ono o čemu je pisao! Uveče, s obližnjih krovova i sa kržljavog drvceta u dvorištu, slušao je cvrkutanje vrabaca i razmišljao kako jedni drugima prepričavaju, pre nego što zavuku glavu pod krilo i prepuste se snu, dogodovštine proteklog dana. Ujutru, isto to ćeretanje, živahno i zvonko. Sigurno su prepričavali snove koje su tokom noći sanjali. Kao i on sâm, živeli su između dva iskustva, između stvarnog života i života u snovima. Bili su, napokon, stvorenja koja su imala glavu gde su se mogle gnezditi misli, i imali su boje, stavove, pa čak i neku nemoć koja budi samilost, i krila za pozavideti, dakle pravi pravcati život. Basna je, i pored toga, ostala mala mumija udrvenjena od aksioma i teorema, ali se bar mogla pisati uz osmeh.

I tako se Mariov život obogatio osmesima. Jednog dana je napisao:

„Moje dvorište je malo, ali bi uz nešto truda u njemu moglo da se potroši deset kilograma hleba dnevno." Pravi san dotičnog pesnika. Gde u to vreme naći deset kilograma hleba za ptičice koje nisu imale bonove s tačkicama. Drugog, pak: „Voleo bih da umem da okončam rat na malom divljem kestenu u mom dvorištu, s večeri, kad vrapci traže najudobnije mesto da tu provedu noć, jer bi to bio dobar znak za budućnost čovečanstva."

· Mario je sirote vrapce toliko pretrpao idejama da im je prekrio tanane udove. Brat Đulio koji je živeo s njim, i odlučno tvrdio da voli njegovo pisanje, nije umeo da ga voli dovoljno da bi ta ljubav obuhvatila i ptičice. Smatrao je da nemaju nikakav izraz. Ali Mario je objašnjavao da su one same izraz prirode, dopuna svim stvarima koje leže ili hodaju, budući da su iznad njih, kao akcenat na reči, pravi muzički znak.

Najradosniji izraz prirode: ptičice čak i ne preblede od straha niti je taj strah bedan kao kod čoveka, i to ne zato što ga prikriva perje, jer on je više nego očigledan ali ni na koji način ne menja njihovo otmeno telašce. Štaviše, nameće se pomisao da ga njihov maleni mozak nikad ne doživi. Upozorenje stiže preko čula vida ili sluha, i hitro prelazi neposredno na krila. Nije beznačajno: um lišen straha u biću koje beži! Neka od ptičica se trgla? Svi beže, ali tako kao da kažu: Evo zgodne prilike da se uplašimo. Ne znaju za oklevanje. Ništa ne košta pobeći kad već imate krila. I njihov let je pouzdan. Izbegavaju prepreke prolazeći tik uz njih, i proleću kroz najgušći splet grana u krošnjama drveća a da se u njih nikada ne upletu niti se povrede. Razmišljaju tek kad se dovoljno udalje, i tad nastoje da shvate razlog bega, proučavajući mesta i stvari. Ljupko nakreću glavicu nalevo i nadesno, i strpljivo čekaju trenutak kad mogu da se vrate tamo odakle su pobegle. Ako bi postojao strah pri svakom njihovom begu, sve bi već bile mrtve. A Mario je sumnjao i da namerno sebi priređuju sva ta silna uzbuđenja. U stvari bi mogle sasvim mirno da kljucaju hleb koji im se poklanja, a oni umesto toga sklope svoje lukave okice i žive u uverenju da je svaki njihov zalogaj krađa. Upravo tako začinjavaju suvi hleb. Kao pravi lopovi, nikad ne jedu na mestu gde je hleb bačen, i tamo nikada nema svađe među njima jer bi bilo opasno. Prepirka oko mrvica počinje na mestu gde pobegnu.

Zahvaljujući tolikim otkrićima, s lakoćom je napisao basnu:

*Jedan darežljiv čovek dugo godina je, redovno, svakog dana hranio ptičice hlebom, i živeo u uverenju da im je duša puna zahvalnosti prema njemu. Nije taj čovek umeo da posmatra: inače bi primetio da su ga ptičice smatrale za budalu od koje su, godinama, uspevale da kradu hleb, a da njemu pri tom nije pošlo za rukom da uhvati nijednu od njih.*

Reklo bi se da je prosto nemoguće da čovek kao Mario, uvek raspoložen, uradi tako nešto, odnosno napiše ovu basnu. Znači li to da je on samo naizgled radostan? Prikrpiti toliko zloće i nepravde najradosnijem izrazu prirode! Bilo je to isto kao i uništiti ga. Ako se ja pitam, smisliti svu tu groznu nezahvalnost krilatih bića predstavlja tešku uvredu za čovečanstvo, jer ako tako govore ptičice koje ne umeju da govore, kako će se tek izražavati oni obdareni dugim jezikom?

A u dubini duše, njegove male mumije bile su tužne: za vreme rata, na ulicama Trsta proredio se prolazak konja koje su uz to hranili samo senom. Zato na ulici više nije bilo onih ukusnih nesvarenih semenki. Mario je zamišljao kako pita svoje male prijatelje: „Očajavate li?". A ptičice bi mu odgovorile: „Ne, ali nas je manje".

Nije li Mario možda hteo da se privikne da i sopstveni neuspeh u životu posmatra kao posledicu okolnosti koje ne zavise od njega, kako bi ga prihvatio bez žaljenja? Basna ostaje vesela samo zato što se onaj ko čita smeje. Smeje se toj zverci od ptičice koja ne zna za očajanje, u čijoj je neposrednoj blizini živela izvesno vreme, jer nju samu nije pogodilo. Ali posle smeha, razmišlja o bezosećajnosti prirode dok izvodi svoje oglede, i onda pretrne.

Često je njegova basna bila posvećena razočaranju koje prati sva ljudska dela. Kao da je želeo da se zbog vlastite odsutnosti iz života uteši rečima: Dobro je meni koji ništa ne činim, jer ne grešim.

*Jedan bogati gospodin toliko je voleo ptičice da im je posvetio svoje prostrano ladanje gde niko nije smeo da ih hvata pa čak ni da ih plaši. Sagradio im je lepa topla skloništa za dugu zimu, obilato snabdevena hranom. Posle nekog vremena na prostranom ladanju nastani se veliki broj grabljivica, mačaka pa čak i krupnih glodara, koji napadoše ptičice. Bogati gospodin je plakao, ali se nije izlečio od dobrote koja je neizlečiva bolest, i on koji je hteo da ptičice budu site, nije mogao da uskrati hranu malim sokolovima i svim drugim životinjama.*

I ovo grubo i nespretno ismevanje ljudske dobrote, i to je smislio onaj prijazni i nasmejani Mario. Tvrdio je na sav glas da ljudska dobrota uspeva da samo nakratko održi život na nekom mestu gde ubrzo zatim poteku reke krvi, i zbog toga je izgleda bio zadovoljan.

Mariovi dani su, dakle, uvek bili radosni. Čovek bi čak mogao pomisliti da se sva njegova tuga gubi u tim jetkim basnama i da stoga ne uspeva da navuče senku na njegovo lice. Ali izgleda da svog tog zadovoljstva nije bilo i u njegovim noćima i snovima. Đulio, Mariov brat, spavao je u susednoj sobi. On je obično blaženo hrkao za vreme varenja, koje kod bolesnika od kostobolje može biti poremećeno, ali je barem pošteno. Međutim, kad nije spavao, do njega su dopirali neobični zvuci iz Mariove sobe: duboki uzdasi, kao od teške muke, a onda i pojedinačni, veoma glasni krici negodovanja. Ti glasni krici odjekivali su u noći, i nije ličilo da dolaze od čoveka veselog i pitomog kakvog smo mogli videti po danjoj svetlosti. Mario se nije sećao svojih snova i, zadovoljan zbog dubokog sna, mislio je da je u svom krevetu bar isto toliko srećan kao i tokom čitavog radnog dana. Kada mu je Đulio, zabrinut, rekao za taj neobičan način spavanja, on je pomislio da je to samo neki novi vid hrkanja. Međutim, s obzirom na postojanost pojave, neosporno je da su ti zvuci i ti krici bili iskreni izraz, kroz san, jedne duše koja se pati. Pomislio bi čovek da je reč o pojavi koja bi mogla da pobije savremenu i savršenu teoriju sna prema kojoj počinak u sebi navodno uvek nosi blaženost onog sna u kojem se želja ispunjava. Ali zar ne bismo mogli pomisliti i to da je pravi pesnikov san onaj koji on živi na javi, i da bi stoga Mario imao razloga da se smeje danju, a plače noću? Moguće je još jedno objašnjenje koje podržava ta ista teorija sna: da li bi u Mariovom slučaju želja mogla biti ispunjena u nesputanom iskazivanju njegovog bola. On bi tada, u svom noćnom snu, mogao da odbaci tešku masku koju je danju sebi nametao kako bi prikrio vlastitu uobraženost, i da uz uzdahe i krike objavi: Ja zaslužujem više, ja zaslužujem nešto drugo.

Rasterećenje koje takođe može da zaštiti njegov počinak.

Ujutru bi izašlo sunce i Đulio bi zaprepašćen shvatio da Mario misli da je čitavu noć, prepunu jecaja, proveo u društvu neke nove basne. Katkad sasvim bezazlene. Bila je pripremana već nekoliko dana: rat je u dvorište vrabaca uneo jednu veliku novinu - oskudicu, i siroti Mario je smislio način da ionako nedovoljna količina hleba traje što duže. S vremena na vreme bi se pojavio u dvorištu i podsticao nepoverenje kod vrabaca. Kad ne lete, oni su spora stvorenjca i treba im mnogo vremena da se oslobode nepoverenja. Njihova je duša poput male vage na čijem jednom tasu leži nepoverenje, a na drugom ješnost. Ova potonja stalno raste, ali ako se podstiče i nepoverenje, oni neće zagristi mamac. Istrajnim metodom mogli bismo ih naterati da i pored hleba pomru od gladi. Tužno iskustvo ako se ide do kraja. Ali, Mario je išao samo dotle dok može da se smeje a da zbog toga ne zaplače. Basna je ostala vesela (ptičica je doviknula čoveku: „Tvoj hleb bi bio ukusan samo kad tebe ne bi bilo.") i zato što vrapci za vreme rata nisu smršali. Po ulicama Trsta je i tada bilo, u velikim količinama, splačina kojima se obično hrane.

## II

Mariova uobraženost nije škodila nikome, i prirodno je bilo prihvatiti ga takvog. Đulio ju je tako lepo negovao da pred njim Mario ne bi pocrveneo čak ni kad bi primetio da je pokazuje. Štaviše, Đulio ju je tako lepo osećao da ju je prihvatao s većim razumevanjem nego sâm Mario. I on se, pred drugima, čuvao da pokaže svoju veru u bratovljev intelekt, ali bez velikog truda, tek toliko da se usaglasi s onim što je video da i sâm Mario radi. A Mario se smeškao na to bratovljevo obožavanje, ne znajući da ga je on sâm tome naučio.

Ali je uživao u tome, i soba gde je bolesnik provodio svoje vreme između kreveta i kanabeta bila je dragoceno mesto na ovom svetu jer je Mario tu nalazio mir koji je nazivao tišinom i duhovnošću, mada je to zapravo bilo nešto što su srećniji od njega nalazili na posebno bučnim mestima.

U toj sobi, punoj slave, nije bilo mnogo drugih stvari. Lagani sto za ručavanje koji se pomerao sa sredine sobe, gde su dva brata doručkovala, u mali kutak pored kreveta, gde su večerali. Od nedavna je u tu blagovaonicu prenesen Đuliov krevet. Tokom rata, ogrev je bio skup, a to je bila najtoplija soba u stanu, zbog čega je bolesnik, zimi, nije nikada napuštao. U dugim zimskim večerima, u toj sobi, pesnik je pomagao bolesniku od kostobolje, a bolesnik od kostobolje je tešio pesnika. Sličnost ovog odnosa sa odnosom hromog i slepog, očigledna je.

Nekim čudnim slučajem, dva starca koji su uvek bili siromašni, nisu se previše patili za vreme rata koji je bio veoma surov za sve Tršćane. Njihove neprilike umanjene su velikom naklonošću koju je Mario umeo da probudi kod jednog Slovenca iz okoline grada, a koja se ogledala u darovima u voću, jajima i pilićima. Iz ovog uspeha italijanskog književnika koji nikada nije ni imao druge, vidi se da naša književnost bolje prolazi u inostranstvu nego kod kuće. Šteta što Mario nije umeo da ceni taj uspeh jer bi mu inače koristio. Te darove je rado prihvatao i jeo, ali mu se činilo da je seljakova darežljivost bila posledica njegovog neznanja i da se uspeh postignut kod neznalica obično naziva prevarom. To ga je mučilo, i da bi održao dobro raspoloženje i apetit, pribegao je basni:

*Jednoj ptičici behu dati komadići hleba preveliki za njen mali kljun. Ptičica je danima uporno obigravala oko plena, s prilično mršavim ishodom. Postade još gore kad se hleb stvrdnuo, jer je tad ptičica morala da odustane od datog joj okrepljenja. I odlepša, pomislivši: Neznanje dobročinitelja nesreća je za onoga kome se dobro čini.*

Naravoučenije basne jedino je tačno odgovaralo slučaju sa seljakom. Nadahnuće je tako uspešno izmenilo sve ostalo da se seljak ne bi ni prepoznao, a to jeste bila glavna svrha basne. Dao je sebi oduška a nije povredio seljaka, baš kao što ovaj to nije ni zaslužio. I zato, ako obratimo pažnju, u basni ćemo otkriti izvestan nagoveštaj priznanja, premda ono nije iz dubine srca.

Dva brata su živela po strogim pravilima. Njihove navike nije poremetio ni rat koji je uzdrmao čitav svet. Đulio se godinama borio, i to uspešno, sa kostoboljom koja je bila pretnja njegovom srcu. Odlazeći na počinak veoma rano, i brojeći zalogaje koje je sebi dopuštao, starac bi, dobro raspoložen, rekao: „Voleo bih znati kome li ja to podvaljujem održavajući se ovako u životu, da l' životu ili smrti". Nije on bio nikakav učenjak, ali vidi se da svakodnevno ponavljanje iste radnje naposletku iz čoveka iscedi sav duh koji se iz njega može izvući. Stoga običnom čoveku nikad nije dovoljno preporuke za uredan život.

Zimi, Đulio je odlazio na počinak zajedno sa suncem, a leti mnogo pre njega. U toploj postelji njegove patnje bi uminule i on ju je svakog dana napuštao na nekoliko sati samo zbog saveta lekara. Večera se služila pored njegovog kreveta, i dva brata su obedovala zajedno. Bila je začinjena velikom ljubavlju, ljubavlju koja potiče još iz najranijeg detinjstva. Mario je za Đulija uvek bio dete, a Đulio za Marija stariji brat koji će umeti da ga posavetuje u svakoj prilici. Đulio nije primećivao koliko je Mario sve više ličio na njega, po obazrivosti i sporosti, kao da je i sâm patio od kostobolje, a Mario nije video da stariji brat više ne može da mu daje savete i da nikad ne bi rekao ništa što bi se kosilo s njegovom željom. A to je bilo na mestu: nije se radilo o davanju saveta ili upozorenjima; bila je potrebna podrška i ohrabrenje. To je bolesniku od kostobolje uspevalo lakše nego što bismo očekivali. I kad bi Mario okončao izlaganje o nekoj svojoj zamisli, nadi ili nameri, rečima: „Zar ti se ne čini?", Đuliju se zaista činilo i odobravao je ubeđeno. Iz tog razloga je za obojicu književnost bila nešto jako dobro, a njihova oskudna večera bila je još bolja, budući začinjena nežnom, sigurnom ljubavlju koja je izuzimala svako neslaganje.

Između dva brata ipak je postojalo malo neslaganje zbog onih blagoslovenih ptičica koje su odnosile jedan deo njihovog hleba. „Svim tim hlebom mogao bi spasti život nekoj hrišćanskoj duši," primetio je Đulio. A Mario: „Ali ja sam tim hlebom usrećio više od pedeset ptičica". Đulio se složio odmah i zauvek.

Po završetku večere, Đulio je pokrivao glavu, uši i obraze noćnom kapicom, a Mario bi mu oko pola sata čitao neki roman. Na zvuk umilnog bratovljevog glasa, Đulio bi se umirio, njegovo iznureno srce bi uspostavilo ravnomerniji ritam, a njegova pluća su se lagano širila. San tada više nije bio daleko i, stvarno, disanje bi mu polako postalo sve glasnije. Mario bi zatim postepeno i ne prekidajući spuštao glas sve dok najzad ne bi utihnuo; a onda, pošto bi utulio svetlo, polagano bi se udaljio na vrhovima prstiju.

Književnost je, dakle, bila dobra i za Đulija; ali jedna njena forma, kritika, škodila mu je i narušavala zdravlje. Prečesto je Mario prekidao čitanje da bi sa žarom raspravljao o vrednosti romana koji je čitao. Njegova kritika bila je velika kritika nesrećnog autora. Upravo je ona bila njegov veliki počinak, samo naizgled poremećen, njegov najblistaviji san. Ali imala je tu manu da sprečava druge da spavaju. Iznenadno prolamanje glasa, zvuci prezira, rasprava s odsutnim sagovornicima, toliko različitih muzičkih insturmenata koji se smenjuju, i narušavaju san. Osim toga, Đulio je i iz učtivosti morao da vodi računa da ne zaspi, kad se od njega svaki čas tražilo mišljenje. Morao je da kaže: „I meni se čini". Već se toliko bio navikao na te reči da je mogao da ih prevali preko usana i samim izdisajem. Ali onaj ko hrče ne može ni toliko.

Jedne večeri, lukavom bolesniku koji je izgledao tako nedužno u svojoj našušurenoj noćnoj kapici, pade na pamet genijalna ideja. Uznemirenim glasom (možda zato što se plašio da će biti raskrinkan) zamoli Marija da mu čita svoj roman. Mario oseti nalet vrele krvi u venama. „Ali već ti je poznat," pobuni se dok istom spremno otvori knjigu koja nikada nije bila daleko od njega. Ovaj drugi odgovori da ga već godinama nije čitao i da je baš osetio potrebu da ga ponovo čuje.

Mekim, krotkim, muzikalnim glasom, Mario poče da čita svoj roman *Jedna mladost*, uz živo odobravanje Đulija koji se lagano prepuštao počinku, mrmljajući: „Divno, veličanstveno, bajno," od čega je Mariov glas bivao sve topliji i ganutiji.

Beše to iznenađenje i za Marija. Nikada nije naglas čitao svoje delo. Kako je samo dobilo na izražajnosti tako oživljeno zvukom, ritmom, kao i naglašenim stankama i znalačkim ubrzavanjem. Muzičari – blago njima! – imaju izvođače koji ništa drugo ne rade osim što smišljaju kako da im podare ljupkost i delotvornost. Dok nestrpljivi čitalac čak ni ne promrmlja piščevu reč i ide od znaka do znaka poput kakvog okasnelog hodočasnika na ravnom drumu. „Kako sam dobro pisao!" pomisli Mario zadivljeno. Prozu drugih pisaca čitao je na sasvim drugačiji način i, u poređenju s njom, njegova je bila sjajna.

Posle samo nekoliko stranica Đulijevo disanje pređe u krkljanje: bio je to znak da su njegova pluća izvan kontrole njegove svesti. Povukavši se u svoju sobu, Mario još dobar deo noći nije mogao da se odvoji od romana koji je čitao naglas. Bilo je to pravo pravcato novo izdanje. Uzburkalo je sve oko sebe i doprlo do njega i do drugih preko uha, našeg najprisnijeg organa. I Mario oseti da mu se njegova misao vraća u novom, lepšem ruhu, i da stiže do njegovog srca novim putevima koje sama stvara. Ah, divne li nove nade!

A sledećeg dana nastade basna pod naslovom: *Nepredviđeni uspeh*. Evo je:

> *Jedan bogati gospodin imao je mnogo hleba i zabavljao se mrveći ga ptičicama. Ali od njegovog darivanja koristi je imalo tek desetak, pa i manje vrabaca, uvek istih, i dobar deo hleba bi se ubuđao od stajanja. Jadni gospodin je patio zbog toga, jer ništa nije tako mučno kao kad vidite da neko ne prihvata vaš dar. Ali utom ga pogodi nesreća i on se razbole, a ptičice koje više nisu zaticale mrvice hleba na koje su navikle, crvkutale su svuda unaokolo: „Nema više mrvica kojih je uvek bilo, to je nepravda, izdaja." I tad vrapci u jatima krenuše ka tom mestu da vide proviđenje koje je prestalo da se ukazuje, a kad je dobročinitelj ozdravio, nije imao dovoljno hleba da nahrani sve svoje goste.*

Teško je znati odakle jedna basna potekne. Naslov otkriva jedino da je ova nastala u sobi bolesnika gde je Mario pronašao svoj uspeh. Onaj ko poznaje puteve nadahnuća, neće se začuditi što se od tako običnog uspeha koji je Mario imao kod brata, u jednom skoku stiglo do onog uspeha dobre duše iz basne, koja je morala da se razboli da bi do njega došla. Neće znati odakle su došle sve te toliko pokvarene ptičice, koje su umele da se na sav glas žale naokolo ali su iz tvrdičluka krile od drugara svoju sreću, osim ako ne pretpostavimo, što je malo teže, da je pesnik, dok piše, vidovit, i da je u vlastitom uspehu Mario naslutio Đulijevo lukavstvo. Međutim, treba imati u vidu da kad čovek u Mariovom položaju počne da analizira činjenicu uspeha, nevaljalstvo pripisuje svima, pa i pticicama.

Naredne večeri, Mario je pustio da ga brat moli da nastavi s čitanjem. „Prebrzo si zaspao," rekao je bratu, „i plašim se da ti ne bude dosadno." Ali Đulio nije nameravao da se odrekne jedine književnosti koja je do te mere bila oslobođena kritike. Pobunio se da nije zaspao od dosade, koja je zapravo neprijatelj sna, već zbog potpunog blaženstva koje ga je obuzelo jer je uživao što sluša određene zvuke i misli.

I eto, stvari koji se pokrenuše ovako, nastaviše se nepromenjene sve do kraja rata, a rat potraja toliko da je roman − nasuprot tvrdnji jedinog kritičara koji se njime pozabavio − bio prekratak. Ali ni za Đulija ni za Marija to nije bio veliki problem. Đulio izjavi: „Tako sam se lepo navikao na tvoju prozu da bih teško mogao da podnesem neku drugu, neku od onih gnevnih i žestokih." Mario, blažen, poče ispočetka, siguran da mu neće dosaditi. Vlastita proza uvek je primerenija vlastitim glasnim žicama. Razumljivo: jedan deo organizma iskazuje drugi.

I nižući uspehe jedan za drugim, Mario je tako nezaštićen bivao sve pogodniji za zaveru koja će se protiv njega uskoro isplesti.

## III

Mario je imao dva stara prijatelja od kojih će se jedan pokazati kao njegov ljuti neprijatelj.

Prijatelj, koji je imao da ostane to sve do smrti, bio je njegov šef, nešto malo stariji od njega, gospodin Brauer. Blizak prijatelj jer se nije ponašao kao šef, već kao pravi kolega. Taj odnos ravnopravnosti nije potekao iz instinktivnog prijateljstva ili demokratskih ubeđenja, već iz samog posla koji su njih dvojica godinama radili zajedno, i u kojem je čas jedan a čas drugi bio bolji. Zna se da čak i najnesposobniji pisac ume da ispravi pismo bolje od nekog ko se nikad nije pačao u književnost. Brauer je bio bolji kad je trebalo proceniti neki posao, ali je ustupao svoje mesto Mariju kad je trebalo sastaviti neku ponudu ili se oko nečega sporiti. Njihova saradnja je postala tako uigrana da su dvojica službenika ličila na organe jedne iste mašine. Mario je navikao da pretpostavlja šta gospodin Brauer hoće kad ga zamoli da napiše pismo tako da se određena stvar nasluti a ne izgovori ili da se izgovori ali bez preuzimanja obaveza. Gospodin Brauer je uvek bio bezmalo ali nikada potpuno zadovoljan, i često je umeo da preradi čitavo pismo premeštajući Mariove reči i rečenice koje je ostavljao nepromenjene sa slepim poštovanjem. Dok bi ispravljao, gospodin Brauer bi postao najljubazniji na svetu, i izvinjavao se uz reči: „Vi, ljudi od pera, imate neki svoj, suviše poseban način izražavanja. Ne ide uz obične ljude koji trguju." A Marija je toliko malo vređala njegova kritika da je davao sve od sebe da je zasluži: svoja pisma je pisao kitnjastije od svojih basni. A onda bi brže-bolje priznao da pismo koje je Brauer preradio svakako više liči na poslovno, jer to je bio najsigurniji način da se zaključi razgovor o tom pismu koje mu je dozlogrdilo.

Sva ta zajednička remek-dela stvorila su neku nežnu bliskost između njih dvojice. Jedan drugom su priznavali zasluge. Al' beše tu još nešto: nijedan od njih nije zavideo onom drugom na njegovoj odličnosti u određenim stvarima. Za Brauera nije bilo gore nesreće nego se roditi kao pisac, a oni koje je ta nesreća pogodila bez njihove krivice, imali su pravo na svu zaštitu od strane svojih drugova koji behu srećnije ruke. Za Marija je, pak, veština trgovanja bila upravo ono čemu nikada nije stremio.

Jedino što Mario nije bio sasvim uveren da Brauer zaslužuje baš toliko veću platu od njega. Ta zavist je bila dovoljna za nastanak basne. Elem, i siroti Brauer se pretvori u vrapca, ali mu je društvo u toj metamorforzi pravio sâm Mario. Dvojici vrabaca su, naravno, ostavljali mrvice hleba, jer oni postoje da bi se ljudska dobrota mogla prikazivati bez većeg truda. Brauer je do hleba leteo kraćim putem, što znači bliže zemlji. Mario je leteo visoko i zato bi stigao kasno. Ali rado je gladovao tešeći se lepotom pogleda u kojem je iz visina mogao da uživa.

Treba reći i to da je Mario bio odličan službenik i da ga nije trebalo naročito podsticati da izvršava svoju dužnost. Osim onih pisama koje je pisao u saradnji sa kolegom, bio je odgovoran i za vođenje evidencije, kao i za druge manje važne poslove koji u trgovini po običaju spadaju u dužnost literata koji ništa drugo ne znaju da rade. Zbog tih sitnijih zaduženja koje je Mario obavljao veoma savesno, Brauer mu je takođe bio zahvalan jer je tako imao više vremena da upravlja poslovima, što je i bila njegova želja i dužnost. Na taj način njegova promišljenost je sve više rasla, i bližio se trenutak kada će Brauerovo trgovinsko znanje Mariju biti korisnije nego što mu je književnost ikada bila.

Drugi Mariov prijatelj, onaj koji će se uskoro pokazati kao njegov neprijatelj, bio je izvesni Enriko Gaja, trgovački putnik. Kao mlad, neko kraće vreme, pokušao je da piše pesme, i tako se upoznao sa Mariom, ali je onda trgovački putnik u njemu ugušio pesnika, dok je Mario, u mrtvilu svog posla, nastavio da živi od književnosti, odnosno od snova i basni.

Posao trgovačkog putnika nije za amatera. Pre svega, on život provodi daleko od stola, jedinog mesta na kojem se mogu pisati stihovi i proza; a onda, trgovački putnik juri, putuje i priča, pre svega priča do iznemoglosti. Možda nije bilo toliko teško ugušiti književnost u Gaji. On je prošao kroz onaj period idealizma koji ponekad prethodi i nastanku goniča robova, i taj period u njemu nije ostavio ništa više tragova nego što u razvijenom insektu ostavi larva. Mogao bi čovek da ga samelje u prah, pa da ga podvrgne temeljnoj analizi, ali u njegovom organizmu ne bi našao ni jednu jedinu ćeliju oblikovanu da služi nečemu drugom osim pravljenju dobrih poslova. Pomalo nepravedan, Mario mu nije oprostio tako radikalnu promenu, i razmišljao je, 'Kad vidite vrapca u krletki osetite sažaljenje, ali i bes. Ako je dopustio da ga uhvate znači da je donekle već bio za krletku, a ako je podnosi, to je čvrst dokaz da drugačiju sudbinu nije ni zaslužio.'

Međutim, Gaja je bio izuzetno cenjen kao trgovački putnik, i ne treba ga potcenjivati, jer je dobar trgovački putnik bogatstvo za svoju porodicu, za firmu koja ga je zaposlila pa čak i za zemlju u kojoj se rodio. Čitavog svog života obilazio je varoši po Istri i Dalmaciji, i mogao se pohvaliti da bi se za jedan deo stanovnika tih varoši (njegovih klijenata), kad bi on stigao, uparloženi ritam provincijskog života ubrzao. Na putovanjima, društvo su mu pravili neiscrpno brbljanje, apetit i žeđ, jednom rečju, tri društvene osobine *par excellence*. Obožavao je neslane šale poput drevnih Toskanaca, ali je tvrdio da su njegove zabavnije. Nije bilo mesta u kojem je bio a gde nije našao žrtvu za svoje male psine. Tako su ga klijenti pamtili i pošto bi otišao, jer bi se dalje zabavljali s onim što je on započeo.

Možda je ta ljubav prema sprdanju bila ostatak njegovih zatomljenih umetničkih težnji. Jer komendijaš jeste umetnik, svojevrstan karikaturista čiji posao nije mnogo lakši zbog činjenice da ne mora da radi već da izmišlja i laže kako bi na kraju sama žrtva napravila karikaturu od sebe. Takva podvala se pažljivo priprema i prati. Tačno je da se o njoj mnogo više priča ako izađe iz pera čoveka kao što je Šekspir, ali kažu da se i pre njega mnogo pričalo o onoj koju je napravio Jago.

Može biti da su ostale Gajine psine bile bezazlenije od ove o kojoj je ovde reč. U Istri i Dalmaciji trebalo je da podstaknu dobre poslove. Ali ona koju je priredio Mariju, bila je zadojena pravom mržnjom. E, da. On je slepo mrzeo svog velikog prijatelja. Možda toga nije bio sasvim svestan, štaviše bio je uveren da ne oseća ništa osim iskrenog sažaljenja prema Mariju, tom jadniku toliko uobraženom, bez ičega na ovom svetu, primoranom da radi taj bedni posao na kojem nikada neće napredovati. Kad bi pričao o Mariju, umeo bi da namesti sažaljivi izraz lica koji je međutim imao i nešto preteće zbog načina na koji bi pri tom iskrivio usta.

Zavideo mu je. Gaja je jednako bio obuzet terevenkama kao što je Mario bio obuzet basnama. Mario je uvek bio nasmejan, a on se smejao mnogo, ali s prekidima. Basna uvek prati čoveka kao kakva blistava senka pored one mračne koju pravi telo, dok je terevenka, ako se uhvati pod ruku sa senkom, ubistvena. Jer ona je zločin protiv vlastitog oganizma, smesta propraćen (naročito u izvesnim godinama) tako dubokim kajanjem da u je u poređenju s njim Orestova pokora zbog ubistva majke bila zaista blaga. Uz kajanje uvek ide i trud da se ono ublaži, objašnjenima i pravdanjem zločina, možda čak tvrdnjom da su terevenke ljudska sudbina. Ali kako je Gaja uopšte mogao da i ne trepnuvši izjavi da terevenče svi oni koji to mogu, znajući pri tom da postoji neko kao Mario.

A tu je bila i ona blagoslovena književnost koja je takođe radila na unošenju smutnje u Gajinu dušu, premda je delovao kao da se od nje sasvim iščistio. Niko ne prođe nekažnjeno zbog sna o slavi, pa makar trajao samo kratko vreme, a da za njim kasnije ne žali zauvek i ne zavidi onome ko ga održava, čak i ako slavu nikada neće dostići. A kod Marija je taj san izbijao iz svake pore na njegovoj koži koja je umela tako lako da pocrveni. Mesto koje mu je bilo uskraćeno u književnoj republici, on je ipak smatrao svojim i zauzimao ga je, gotovo tajno, ali s ništa manje prava zbog toga i bez ikakvih ograničenja. Svima je ipak govorio da već godinama ne piše (preterujući jer su postojale priče o ptičicama) ali niko mu nije verovao, i to je bilo dovoljno da mu se uz sveopštu saglasnost pripiše jedan uzvišeniji život, uzvišeniji od svega onoga čime je bio okružen.

Zaslužio je, prema tome, zavist i mržnju. Enriko Gaja ga nije štedeo svojih zajedljivih primedbi, a ponekad je znao i da ga dotuče pričama o poslu i ekonomskom položaju. Ali to mu nije bilo dovoljno, jer je i sâm Mario voleo da se nasmeje na račun svog položaja. Gaja je želeo da mu istrgne onaj srećan san iz očiju po cenu da ga oslepi. Kad bi ga video kako ulazi u kafe s onim držanjem čoveka koji na stvari i na ljude gleda s večnom, živom i vedrom radoznalošću pisca, kazao bi smrknuto: „Evo velikog pisca." A Mario je zaista imao držanje i zračio srećom velikog pisca.

Gaja se u basnama nije pojavljivao. Međutim, jednoga dana Mario otkri da su ptičice vrlo proždrljive: za samo jedan dan pojedu toliku gomilu mrvica koje bi stavljene na vagu težile koliko i one same. Zato je među vrapcima bilo tako teško naći jednog koji liči na Gaju. Iako su ga po jednoj osobini svi podsećali na njega. I Mariо je u toj sličnosti odmah prepoznao protivrečnost koja bi u budućnosti mogla da posluži za basnu: 'Jede kao vrabac, al' ne leti'. A kasnije: 'Ne leti, i od straha baš prebledi". Nesumnjivo je mislio na Gaju koji je jedne večeri, pošto je svojim ogovaranjem uvredio jednog prijatelja, morao da pobegne iz kafea glavom bez obzira.

## IV

Taj 3. novembar 1918, istorijski dan za Trst, stvarno nije bio najprimereniji dan za sprdnju.

U osam uveče, uslišivši molbu svog brata koji je iz postelje žudeo za novim vestima nakon što je čuo izveštaj o iskrcavanju Italijana, Mario se uputi u kafe da popije onaj bućkuriš zasladen saharinom, koji su Tršćani već navikli da smatraju kafom.

Od poznanika zatekao je samo Gaju, koji se na jednoj sofi odmarao posle nekoliko zamornih sati provedenih na nogama. Žao mi je, ali mora se priznati da je Gaja zaista izgledao kao zli duh. Premda uopšte nije bio ružan. Imao je pedeset pet godina, seda kosa mu je blještala gotovo metalnim sjajem, dok su mustaći koji su pokrivali njegove tanke usne uprkos tome bili mrki. Mršav, ne mnogo visok, čovek bi čak mogao reći i okretan da se nije držao malo pogureno, i da njegovo telašce nije bilo preopterećeno izbočenim škembetom, nesrazmernim i obešenim mnogo više nego što je to uobičajeno kod muškaraca koji ga imaju zbog nekretanja ili samo zbog jela, jednom od onih trbušina koje Nemci, inače stručnjaci za to, pripisuju uticaju piva. Njegove sitne crne okice gorele su nekom veselom pokvarenošću i bahatošću. Imao je promukao glas pijanca i povremeno bi vikao jer je imao pravilo da uvek treba govoriti glasnije od svog sagovornika. Hramao je poput Mefista, ali za razliku od njega uvek na drugu nogu, jer ga je reuma mučila čas u desnoj čas u levoj nozi.

Stariji od njega, Mario je pak, uprkos sedim vlasima i maljama, kako to obično biva kod ozbiljnih ljudi u njegovim godinama, bio uočljivo plav i svetle puti u licu, vedrom i opuštenom.

Gaja je uzbuđeno pričao o raznim događajima kojima je prisustvovao tog popodneva. Sve je to bila čista retorika, jer je došao trenutak da naduva svoj patriotizam koji nije baš bio prevelik pre dolaska Italijana. Umeo je taj sve da naduva, budući da je uvek bio spreman da se živo zagreje za sve što može da se dopadne onima koji su bili ili bi mogli da postanu njegovi klijenti.

Odjekujući iz daljina, Mariove reči takođe bi se sad mogle proglasiti retorikom. Ali ne treba smetnuti s uma da je toga dana i sâma reč, pogotovu iz usta nekoga kome nije bilo suđeno da dela, dužno morala biti snažna i herojska. Mario pokuša da oplemeni svoje izlaganje da bi bio na visini situacije i stoga, sasvim prirodno, podseti na to da je on čovek od pera. Najistančaniji deo njegove prirode probudio se da bi učestvovao u istoriji. Reče doslovno: „Želeo bih da mogu opisati ono što danas osećam." A posle kraćeg oklevanja: „Trebalo bi mi zlatno pero da njime ispišem reči na pergamentu s iluminacijama."

To jeste bila žrtva, jer pored mnogih drugih stvari, u Trstu tad nije bilo ni zlatnih pera nit pergamenta s iluminacijama. Ali Gaja je to doživeo sasvim drugačije, i naljuti se kao što to umeju samo pijanci.

Pomisli da je previše što se Samilji uopšte usudio da pomene svoje pero u vezi s jednim događajem od istorijske važnosti. Stisnu zube kao da iza njih želi da sakrije tešku uvredu koja se tu sasvim spontano uobličavala, zatim otvori pesnicu, koja se bila stisnula sama od sebe, dok je gledao ružičasti nos čoveka od pera, ali nije uspeo da obuzda onaj odgovor delotvorniji od reči, pa i od pesnice, o kojem je već dugo razmišljao, ali koji još nije bio dovoljno zreo, onako kao posle dugotrajne i pažljive pripreme: podvala puče preko glave jadnog Marija poput kakvog eksploziva koji je sasvim slučajno došao u dodir s vatrom. I tako je Gaja naučio da i podvala, kao sva druga umetnička dela, može da se improvizuje. On nije verovao u njen uspeh i spremao se da je izbriše pošto mu bude poslužila da tom uobraženku pokaže svoj prezir. Ali, onda se Mario tako lepo upecao da bi njegovo skidanje s mamca zahtevalo previše napora. I Gaja ostavi podvalu u životu, prisetivši se kako malo zabave ima u Trstu. Bilo je vreme za oporavak od jednog dugotrajnog perioda ozbiljnosti.

Započe žestoko: „Zaboravio sam da ti kažem. Svašta čovek zaboravi u ovakvim danima. Znaš li koga sam video u onoj razdraganoj gomili. Predstavnika Vestermana, izdavača iz Beča. Prišao sam mu da ga zadirkujem. Klicao je i on koji ne zna ni reč italijanskog. Al' umesto da se ljuti, odmah je pomenuo tebe. Pitao me je kakve obaveze imaš prema svom izdavaču u vezi sa onim tvojim starim romanom *Jedna mladost*. Ako se ne varam, ti si tu knjigu prodao?"

„Nikako," reče Mario s velikim žarom. „Ona je moja, samo moja. Platio sam troškove izdavanja do poslednje pare, a od izdavača nikada ništa nisam dobio."

Činilo se da trgovački putnik pridaje veliki značaj onome što čuje. On je dobro znao kako treba da izgleda čovek kad iznenada shvati da se ukazuje prilika za dobar posao, jer je bar jednom dnevno tako izgledao. Skupi se i povi kao da hoće da uhvati zalet:

„Pa onda postoji mogućnost da se taj roman proda" – uzviknu. „Šteta što to nisam ranije znao. A ako sad izbace tog debelog Nemca iz Trsta? Pozdravi se s poslom! Zamisli da je on i došao u Trst samo da bi s tobom pregovarao!"

Mario je bio ogorčen, i treba primetiti s izvesnim iznenađenjem da je ogorčenost bilo prvo osećanje pri nagoveštaju nepredviđenog uspeha, dok je za svih onih dugih godina uzaludnog iščekivanja nijednom nije osetio. Kako je Gaja uopšte mogao da pomisli da roman više nije njegov? Ko je ikad tih godina hteo da ga kupi? I obuze ga bes koji je bio nepodnošljiv jer je istom shvatio da ne sme da ga pokaže. On je sada bio potpuno u Gajinim rukama i shvatio je da ne treba da ga uvredi. Ali s bolom pomisli da se nalazi u rukama osobe koja je svojom lakomislenošću pretila da ga upropasti.

Valja podsetiti da su tih dana u svetu vladali pometnja i rastrojstvo. Ako je predstavnik izdavača nestao u onoj gunguli, bez namere da se ponovo pojavi, nesumnjivo uveren da je posao koji mu je bio poveren već obavio neko drugi, biće nemoguće ući mu trag. Nikad ovaj svet nije video gomile slične onima koje su se kretale između Trsta i Beča, okešane o vozove kojih nije bilo dovoljno, ili u neprekidnim buljucima, pešice, po glavnim putevima, sastavljene od vojske u bekstvu i građana koji odlaze ili se vraćaju, svi bezimeni i nepoznati, poput krda stoke koju je poterala vatra ili glad.

Ni na trenutak nije posumnjao u verodostojnost Gajinih reči. Verovatno je bio skloniji lakovernosti posle onog svakovečernjeg uspeha svog romana u bratovljevoj sobi. A kada je, mnogo kasnije, saznao za zaveru skovanu protiv njega, da bi se pred sobom opravdao zbog vlastite nesmotrenosti, stvorio je basnu u kojoj pripoveda kako je mnogo ptica uginulo jer su se na jednom istom mestu zatekla dva čoveka, jedan dobar a drugi zao. Na tom mestu je odavno stajao hleb onog prvog, a u poslednje vreme i lepak za ptice onog drugog. Baš kao što preporučuje jedna bezvredna knjižica koja podučava kako da se hvataju ptice na naučnoj osnovi, i koja se ovde, naravno, ne navodi.

Gaja je veličanstveno iskoristio Mariovo raspoloženje, koje je bilo više nego očigledno. Njegova jedina greška bila je u tome što je mislio da je naročito lukav. A zapravo nije bio nimalo lukaviji od najobičnijeg lovca koji poznaje navike svog plena. Možda je preuveličao lukavstvo. Pre nego što će se baciti u potragu za tako važnom osobom, koja je možda upravo napuštala Trst, on zatraži od Marija da mu da pismenu izjavu kojom mu se obezbeđuje provizija od pet posto. Mario zaključi da je predlog pošten, ali pošto su morali da sačekaju da im usporeni konobar donese pero i hartiju, predloži da Gaja krene odmah, da ne bi gubio vreme, a on će napisati izjavu i daće mu je sutradan. Ali Gaja ne pristade. Ako hoćemo da idemo na sigurno, o poslovima se može pričati samo na jedan način. I, veoma brižljivo, sačinjena je izjava kojom Mario obavezuje sebe i naslednike da Gaji isplate proviziju od pet posto na bilo koji iznos koji mu sada ili ubuduće izdavač Vesterman bude isplatio. Toj izjavi je Mario, na sopstvenu inicijativu, dodao i izraze zahvalnosti koji su bili puko pretvaranje, jer ga je na to navela želja da prikrije svoju ozlojeđenost zbog dve stvari: prvo, duboku ozlojeđenost zbog nemarnosti kojom je Gaja ugrozio njegove interese, i drugo, mnogo manju ozlojeđenost zbog nepoverenja koje je Gaja pokazao prema njemu zahtevajući da se izjava napiše odmah.

Onda se Gaja nađe u žurbi, i odjuri jedva dočekavši da može slobodno da se nasmeje. Mario bi rado odjurio s njim da prekrati svoje strepnje, ali Gaja ne pristade. Prvo je morao da svrati u svoju kancelariju, zatim da požuri do jednog klijenta od kog bi možda mogao da sazna adresu tog Nemca, a na kraju će otići na jedno mesto gde neporočni Mario sigurno ne bi pristao da ga prati, i gde se sigurno nalazio i Nemac, ako je još bio u Trstu.

Pre nego što će ga ostaviti, pomisli da umiri Marija i da mu dokaže da njegova greška uopšte nije od većeg značaja. Kad bolje razmisli, reče, sad se setio da predstavnik Vestermana jeste rođen u nemačkoj porodici, ali u Istri. Tako da će postati italijanski državljanin po rođenju, i ne može biti prognan.

To je bio jedini čin koji je pokazao njegovu vrsnost pronicljivog komendijaša. Nije mu promakla Mariova duboka ozloJeđenost, i smatrao je da sad nije trenutak da ga izaziva.

I tako, kad je Mario izašao iz kafea, našao se u mraku noći pred potpunim i sigurnim uspehom. Ne bi bilo tako da je i dalje morao da strepi da l' je Nemac morao da napusti Trst. Duboko uzdahnu, i učini mu se da nikada u životu nije osetio taj vazduh. Pokuša da obuzda strašno uzbuđenje koje ga je gušilo i natera sebe da o toj pustolovini ne razmišlja kao o nečemu neobičnom. Jednostavno ju je zaslužio i dogodila mu se, i to je bila najprirodnija stvar na svetu. Čudno je bilo što mu se nije dogodila ranije. Čitava istorija književnosti bila je prepuna slavnih ljudi, koji to nisu bili po rođenju. U nekom trenutku do njih je sasvim slučajno došao veoma važan kritičar (seda brada, visoko čelo, prodorne oči) ili sposoban poslovni čovek, neki Gaja koji s dve-tri Brauerove osobine dobija na autoritetu, jer je sam Brauer bio suviše učmao zbog navike da bude podređen te stoga nije mogao biti oličenje nekoga ko pravi posao, i oni su odmah zakoračili ka slavi. I stvarno, da bi slava stigla, nije dovoljno da je pisac zaslužuje. Potrebno je da se tome pridodaju još jedna ili više odluka koje će uticati na učmale mase, one koje posle čitaju to što su ovi prvi izabrali. Jeste pomalo smešno, ali je tako i ne može se promeniti. A dešava se i da se kritičar uopšte ne razume u nečiji posao, a ni izdavač (poslovni čovek) u svoj, i opet smo na istom. Kada se ta dvojica udruže, uspešan autor je stvoren, na duži ili kraći period, čak i ako to ne zaslužuje.

Bilo je vrlo oštroumno od Marija što je stvari video na takav način, u tom trenutku. A mnogo manje oštroumno kad je spokojno dodao: „Hvala Bogu da je u mom slučaju drugačije."

Zašto do njega nije došao kritičar umesto poslovnog čoveka? Tešio se misleći da je Vestermana na taj posao svakako podstakao kritičar. I dogod je prevara trajala, on je maštao o tom kritičaru, izgradio je njegov lik i njegov karakter, pripisujući mu tolike vrline i tolike mane da ga je napravio važnijim od svih drugih živih osoba iz tog sveta. Nesumnjivo je bio kritičar koji uopšte ne mari za sebe, i uopšte nije bio kao drugi kritičari koji dok čitaju, preko svake stranice bacaju senku svog natmurenog nosa. On nije brbljao, već delao, što je bilo vrlo neobično za čoveka čije se jedino delanje sastojalo u prosuđivanju snage tuđe reči. Bio je pouzdaniji od uobičajenih kritičara, jer on je mogao da napravi samo jednu grešku (prilično veliku) a ne sijaset da se njima napune čitave novinske stranice. Kakva snaga! Vestermanova estetska duša, njegovo oko koje se nikada ne zatvara, jer bi izdavača inače moglo zadesiti da lažne kamenčiće plati kao prave, kako je Mario, koji se u to nije razumeo, pretpostavljao da se može desiti draguljarima. I tako hladnokrvan: poput mašine koja zna samo za jedan pokret. U njegovim rukama delo je sticalo svoju punu vrednost i ništa više od toga, i postajalo beživotno kao kakva roba koja prolazi kroz ruke posrednika i iza sebe ne ostavlja ništa osim novčane koristi. Ono ne osvaja, već biva prepoznato, odvagano i odmereno, predato drugima i zaboravljeno, da ne bi usporilo rad mašine koja se odmah iznova stavlja u pogon. Pošto je pročitao Samiljijev roman, kritičar je otišao kod Vestermana i rekao mu: „Ovo je knjiga za vas. Savetujem vam da smesta telegrafišete svom predstavniku u Trstu da je otkupi po bilo kojoj ceni." Tu se njegov zadatak završavao. Šta bi ga koštalo da je Samiljiju poslao razglednicu s nekoliko pametnih reči kakve samo on ume da sroči? Eto, takav je bio, upravo takav, najbolji kritičar na svetu. I kad pomisliš da je vredelo pisati, samo zato što na ovom svetu postoji takvo jedno čudovište!

Prema tome, moglo bi se reći da je Gajina psina pretila da postane vrlo važna, jer je već na samom početku izvrtala sliku sveta. A kad Mario bude bio prinuđen da promeni mišljenje, u jednoj basni iskaliće se upravo na kritičaru koga je sâm stvorio, i jedinom kritičaru kog je voleo.

*Jednom proždrljivom vrapcu se posreći da jednog dana zatekne gomilu mrvica hleba. Pomisli da je za to zaslužna velikodušnost najveće životinje koju je ikada video, jednog ogromnog vola koji je pasao na livadi nedaleko odatle. Onda vola zaklaše, hleb nestade, a vrapčić je dugo oplakivao svog dobročinitelja.*

Ova basna je pravi primer mržnje. Napraviti od sebe slepo i glupavo živinče poput onog vrapčića samo da bi i od kritičara mogao napraviti još veće goveče. Mario je smatrao da je njegov uspeh toliko veliki da je doneo odluku koja je ipak morala da ublaži posledice podvale. Za sad ne treba nikome pričati o sreći koja ga je snašla. Kada knjiga bude objavljena na nemačkom, divljenje će u gradu i u čitavoj zemlji biti veće ako je neočekivano. Njemu koji je tolike godine čekao na uspeh, sigurno neće pasti teško da ga čeka još neko vreme.

Brat, već u postelji, stade da iznosi svoju sumnju u istinitost Gajinih reči, ali onako, gotovo mehanički, onu vrstu sumnje koja se u nama javi kad god čujemo neku neverovatnu vest. Ali je odmah spremno otera čak i iz najskrivenijeg kutka svoje duše, pošto je pretila da umanji bratovljevu radost. Nije poznavao Gaju te je prema tome njegova sumnja bila bez ikakvih osnova. Ispod našušurene noćne kapice, njegove živahne oči učestvovale su u toj silnoj radosti. Novine su ga uznemiravale i nije ih smatrao zdravim, ali Mariova radost morala je biti i njegova. Bez zadrške, i pored toga što, kad je Mario pričao o njihovom budućem bogatstvu, on tome nije pridavao važnost. Njegov krevet neće biti topliji nego što jeste, a povećaće se iskušenja zbog bogatije hrane koja je pretila da mu ugrozi zdravlje.

Za njega je već prvo veče bilo mnogo manje prijatno nego obično. Sad kada je vraćen u život, roman je izazivao Mariovu uznemirujuću kritiku. Svakog časa čitač je prekidao čitanje da bi pitao: „Zar ne bi bilo bolje da se to kaže drugačije?" I predlagao nove reči, tražići od jadnog Đulija da mu pomogne da se odluči. Ništa strašno, ali dovoljno da čitanju oduzme njegovo svojstvo uspavanke. Da bi mogao odgovoriti na Mariova pitanja, Đulio je dva-tri puta uplašeno razrogačio oči kao da je hteo da pokaže da sluša reči koje su mu upućene. Zatim se doseti nečega što je te večeri zaštitilo njegov san: „Čini mi se," promrmlja, „da ne treba menjati ništa u nečemu što je, kako izgleda, postiglo uspeh. Ako ga menjaš, možda ga Vesterman više neće hteti."

Ova ideja vredela je isto koliko i ona druga koja je već godinama štitila njegov san. Za to veče je savršeno poslužila. Mario izađe iz sobe, ali je bio manje uviđavan nego obično, i tresnu vratima tako da jadni bolesnik poskoči.

Mariju se činilo da ga Đulio ne podržava kao što bi trebalo. Evo, ostavio ga je samog s tim uspehom koji je lebdeo u vazduhu, uznemirujući i gori od kakve pretnje. Ode u krevet, ali je uranjanje u san bilo zastrašujuće. U polusnu je video svoj uspeh oličen u Vestermanovom predstavniku kako biva odvučen daleko, strašno daleko, prema severu, i kako ga naoružana i podivljala rulja ubija. Kakav košmar! Morao je da upali svetlo da bi shvatio da ako umre Vestermanov predstavnik, i dalje ostaje Vesterman a on nije ništa drugo nego akcionarsko društvo koje ne podleže fizičkoj smrti.

Kad je već upalio svetlo, Mario stade da traži basnu. Pomisli da ju je našao u svom prebacivanju sebi da ne ume spokojno da uživa u tolikoj sreći koja mu se smešila. Rekao je vrapcima: „Vi koji uopšte ne marite za budućnost, o budućnosti sigurno ništa ne znate. I uspevate da budete radosni ako ništa ne očekujete?" On je zapravo verovao da ne može da spava zbog prevelike radosti. Ali ptičice su bile bolje pripremljene: „Mi smo sadašnjost", rekoše, „a ti, ti što živiš za budućnost, da li si zaista srećniji?" Mario je priznao da je pogrešio pitanje, i odlučio je da u neka bolja vremena smisli drugu basnu koja bi pokazala njegovu nadmoć nad ptičicama. S basnom čovek može stići gdegod želi, ako ume da želi.

Brauer, kome je Mario sledećeg dana ispričao svoju dogodovštinu, bio je iznenađen, ali ne previše: znao je i za neku drugu robu koja iznenada dobije na vrednosti pošto je prethodno bila potcenjena ne samo četrdeset godina, već i po nekoliko vekova. Nije se mnogo razumeo u književnost, ali znao je da se ponekad, premda retko, na njoj nešto i zaradi. Jednog se plašio: „Ako se ti obogatiš lepom književnošću, na kraju ćeš napustiti ovu kancelariju".

Mario je skromno primetio da ne veruje da ga njegov roman može obezbediti do kraja života. „Pa ipak," dodade pomalo nadmeno, „tražiću položaj koji će više odgovarati mojim zaslugama". Istini za volju, on nije mislio da menja položaj u toj kancelariji gde je posao bio tako lak, ali ljudi zadojeni knjigom vole kad mogu da izgovore određene reči. To je najdragocenija nagrada za njihove zasluge.

U tom trenutku donesoše mu poruku od Gaje, u kojoj se poziva da tačno u jedanaest bude u kafeu Tomazo. Predstavnik Vestermana je nađen. Mario otrča odmah, ali prethodno zamoli Brauera da još ne razglasi novost.

## V

Gaja, Mario i predstavnik Vestermana bili su tako tačni da su se svi zajedno našli pred vratima kafea. Tu su se prilično zadržali pošto su napravili malu vavilonsku kulu. Mario je na nemačkom znao da kaže dve reči kojima je izrazio zadovoljstvo što je upoznao predstavnika jedne tako značajne firme. Drugi je, na nemačkom, rekao nešto više, mnogo više, i nije sve otišlo u vetar jer je Gaja spremno prevodio: „Čast da upozna... čast da pregovara... izvrsno delo koje je njegov poslodavac hteo da ima po svaku cenu."

I Gaja tad, glumeći pre neotesanost nego čvrstinu, reče nekoliko reči koje odmah i prevede. Izjavio je da Vesterman može da dobije roman kad bude platio. Ovde je bila reč o poslu, a ne o književnosti. Izgovarajući ovu poslednju reč, prezrivo se namršti, što je bilo neoprezno. Zašto kinjiti književnost ako je bilo tačno da se u ovom slučaju pretvara u unosan posao? Ali Gaja je zadavao udarce književnosti kako bi mogao da pogodi književnika, zaboravljajući da je podvale radi trebalo da ga kuje u zvezde. A u toku razgovora, jednom je uspeo da kaže Mariju: „Ti ćuti jer nemaš pojma." Mario se nije bunio: Gaja je nesumnjivo hteo da mu pripiše neznanje samo kad je reč o poslovima.

Onda se Gaji smučilo da stoji napolju. Spustila se sićušna vlažna izmaglica, osuđena da je raznese bura koja se spremala da u crno zavije te slavne dane. Gaja gurnu vrata kafea i, bez ustručavanja, dajući sebi oduška u gromkom smehu, uđe prvi, hramljući. Druga dvojica se još malo zadržaše razmenjujući izraze poštovanja pre nego što uđoše unutra, i Mario je imao vremena da bolje pogleda tako uglednu osobu koju vidi prvi put. Nikada je više neće videti, ali je nikada nije zaboravio. Isprva ju je pamtio kao veoma smešnu osobu, koja je zbog važnosti poverene joj poruke izgledala još smešnije. Sećanje se kasnije nije mnogo promenilo: osoba je i dalje bila smešna, ali se njena podlost bolno odrazila i na samog Marija, jer joj je on dozvolio da ga pregazi i povredi. Rane su ga još više bolele pošto ih je nanela jedna takva ruka. Može se reći da Mario nije bio loš posmatrač, ali je, nažalost, bio književni posmatrač, od onih koje možete prevariti bez veće muke, jer njihovo zapažanje, premda tačno, biva odmah iskrivljeno snagom njihovih ideja. A ideje nikad ne nedostaju onome ko ima makar malo iskustva u ovom životu, gde iste linije i iste boje pristaju najrazličitijim stvarima, koje sve do jedne pamti samo pisac.

Predstavnik izdavača Vestermana bio je jedan oklembešeni čovečuljak bez autoriteta koji inače daje izvesna skladna obilatost u mesu i salu, a koja je u ovom slučaju delovala nezgrapno zbog previše razvijenog trbušnog dela koji je čak štrčao izvan bunde. Dovde je ličio na Gaju. Bunda s raskošnim okovratnikom, od fokinog krzna, bila je najupečatljivija stvar na čitavoj osobi, upečatljivija i od sakoa i dronjavih čarapa koji su se nazirali ispod nje. Nikada je nije skinuo, štaviše, zakopčao ju je odmah pošto ju je prethodno raskopčao da bi došao do unutrašnjeg džepa.

Visoki okovratnik je stalno uokvirivao to lišce s retkom i riđkastom bradicom i brkovima na potpuno ćelavoj glavi. Još nešto je Mario primetio: Nemac se toliko kruto držao u bundi koja kao da je srasla s njim, da je svaki njegov pokret izgledao geometrijski izlomljen.

Bio je ružniji od Gaje. Ali piscu je bilo prirodno da liče. Zašto trgovac knjigom ne treba da liči na onoga ko se bavi vinom? I kod vina je postojalo nešto uzvišeno i prefinjeno što je prethodilo trgovini i što ju je omogućilo: vinograd i sunce. Što se tiče pompeznosti s kojom je šetao to krzno, budući da je išla uz čoveka Gajine sorte, nije bilo teško razumeti otkud ona. Mariju nije palo na pamet da je ta krutost zapravo način da se obuzda nezadrživa potreba za smehom, ali se zato prisetio da je krutost bila svojstvena takvoj kategoriji ljudi, trgovačkim putnicima, koji hoće da ostave utisak da su nešto što nisu i koji bi izneverili suštinu svog pravog bića kad ne bi vladali sobom. Sve je to Mariju prošlo kroz glavu uz izvesnu zadršku. Izgledalo je kao da pokušava da pripomogne da se podvala što uspešnije okonča. Uz to je još pomislio da je kritičar kuće Vesterman ostao kod kuće, ali je kod kuće ostao i veliki poslovni čovek. Tada nije bilo lako putovati, i vidi se da je za zaključivanje jednog takvog posla bilo dovoljno unajmiti neku sličnu spodobu, nekog Gajinog prijatelja.

Za stolom, u kafeu koji je u to doba bio prazan, još neko vreme se nastavila priča s vavilonskom kulom. Vestermanov agent je pokušao da objasni nešto na italijanskom, ali bez uspeha. Gaja se umešao: „On hoće tvoju izričitu potvrdu da sam ja ovlašćen da pregovaram za tebe. Mogao bih se uvrediti zbog njegovog nepoverenja, ali ja to razumem, posao je posao. Uostalom, i ti si ovde, ali on kaže da se ti u to ne razumeš." Mario se pobunio na italijanskom da je ono što se Gaja dogovorio obavezujuće za njega. Kazao je to sričući slogove, i Nemac potvrdi da je razumeo i da mu je to dovoljno.

Gaja ponudi kafu, i Vestermanov predstavnik odmah izvadi iz unutrašnjeg džepa neke ogromne listove papira, ugovor već pripremljen u dva primerka. Položi ga na sto i grudima se nagnu preko njega. Mario pomisli: „Da ne pati i od lumbaga?"

Gaji se žurilo. Zgrabi papire ispred ovog, i poče Mariju da prevodi ugovor. Preskočio je brojne klauzule koje su bile iste u svim ugovorima velike izdavačke kuće, i govorio je o svim prednostima koje je on ovim ugovorom obezbedio Mariju. Izgovarao je upravo one reči koje bi upotrebio da taj posao nije bila obična sprdnja: „Videćeš da sam zaslužio svoju proviziju. Proveo sam čitavu noć raspravljajući s njim." I pusti sebi na volju da izbaci malčice onog otrova kojim je bio ispunjen: „Ne bi ti ništa uradio, da ti ja nisam pomogao."

Vesterman se tim ugovorom obavezao da isplati Mariju dve stotine kruna, i tako je otkupio prava za prevod romana u čitavom svetu. „Vlasnik prava za Italiju ostaješ ti. Smatrao sam da to pravo treba da zadržiš ti, jer ko zna kakvu vrednost može da stekne roman u Italiji kad se bude saznalo da je preveden na sve jezike." Da bi bio jasniji, ponovi: „Italija ostaje tebi, cela." I ne nasmeja se, štaviše, na licu mu se zaledio izraz čoveka koji očekuje odobravanje i pohvalu.

Mario se najtoplije zahvali. Činilo mu se da sanja. Došlo mu je da zagrli Gaju, ali ne zato što mu je poklonio Italiju, već zato što je predvideo da će i u Italiji, vrlo brzo, roman naći svoje mesto pod suncem. Kudio je sebe zbog nagonske netrpeljivosti koju je prema njemu uvek osećao, i polako se ubeđivao u naklonost: „Više je nego dobar, koristan je. Ja sam na dobitku, i baš je lepo od njega što pokazuje da mu je drago zbog toga."

Međutim, setio se uznemirenja i mučenja od prethodne noći, i uhvativši se prisno za Gajinu ruku, predloži da se u ugovor ubaci klauzula koja bi obavezala Vestermana na izdavanje romana, barem na nemačkom, pre kraja devetsto devetnaeste. Žurilo se, kukavnom Mariju, i bio je spreman da žrtvuje čak i jedan deo od tih dvesta hiljada kruna, ako bi time ubrzao dolazak velikog uspeha. „Ja više nisam tako mlad", rekao je da bi se opravdao, „i voleo bih da vidim prevod svog romana pre smrti."

Gaja je bio zgađen, i njegov prezir prema Mariju rastao je srazmerno rastu Mariove naklonosti prema njemu. Trebalo je stvarno biti uobražen da bi se dovodila u pitanje ponuda koja mu je data za tu bedu od romana bez ikakve vrednosti.

Kao što je uspeo da prikrije smeh, tako je prikrio, s istim naporom, svaku naznaku prezira, a da bi se kasnije još slađe smejao, hteo je čak i da nađe načina da u ugovor ubaci klauzulu koju je Mario želeo. Ali na tim stranicama (na kojima je u stvari bio ugovor o prevozu vina u vagonima cisternama) nije bilo mesta, a osim toga nije bilo ni moguće raditi u Mariovom prisustvu, a ni glumiti da se nešto radi, s obzirom na onu nezadrživu želju u njima da prasnu u smeh. Posle kraćeg oklevanja ispunjenog tolikom količinom pakosti da je morao sakriti lice rukom počešavši se prvo po nosu, zatim po čelu a na kraju po bradi (možda je umeo da se smeje pojedinim delovima lica zasebno), Gaja stade ozbiljno da raspravlja o Mariovom zahtevu. Isprva je predočio svoju bojazan da bi Vesterman mogao izgubiti strpljenje zbog tolikih zahteva, ali ipak, budući da vidi koliko bi Marija rastužilo odbijanje njegove molbe koja ni u čemu nije bila štetna za Vestermana, a njemu bi donela mir, pade mu na pamet genijalna ideja: „Zar ne misliš da će onaj ko je platio dvesta hiljada kruna imati sve razloge da požuri kako bi što pre video plodove svog ulaganja?"

Mario je priznao valjanost obrazloženja, ali je njegova želja bila toliko snažna da nikakvo obrazloženje ne bi bilo dovoljno da je ugasi. Da još čeka? Šta će raditi čitavo to vreme? Basne nastaju samo u danima koji su puni iznenađenja. Čekanje je pustolovina, odnosno samo nesreća, i može da donese samo jednu basnu, koju je on već napisao: priča o onom vrapcu koji je umirao od gladi čekajući hleb tamo gde je, sasvim slučajno, bio samo jednom bačen (primer združene proždrljivosti i nepokretljivosti, koji se povremeno može naći u basnama): Mario je oklevao. Tražio je ali nije našao neku drugu reč (ne prejaku) da bi ustrajao u svojoj molbi. I tako nastupi još jedan zastoj u pregovorima. Gaja je mešao svoju kafu i čekao Mariovu saglasnost koju je očigledno morao dobiti. Mario je gledao ćelu predstavnika Vestermana, koji je ponovo pažljivo iščitavao ugovor nabijajući u njega svoj dugi, šiljati nos na kojem su podrhtavali cvikeri. Zašto li su ti cvikeri podrhtavali? Možda zato što je nos išao kroz ugovor od reči do reči, kako bi video da nije Mariova želja možda već uslišena. Nemčeva ćela, okrenuta ka njemu kao kakvo nemo i slepo lice bez nosa, bila je strašno ozbiljna, jer su joj nedostajali organi za smeh. Štaviše – crvena koža prošarana pokojom riđom vlasi – bila je tragična. „Na kraju krajeva", pomisli Mario, „strpeću se i čim budem dobio novac, moći ću da obznanim svoj uspeh. Biće to isto kao i da je knjiga već prevedena." I, pomiren s neizbežnim, lati se penkala koje mu je pozajmio Gaja da potpiše ugovor.

Gaja ga zadrža: „Prvo novac, pa onda potpis!" On je živo razgovarao s Vestermanovim predstavnikom koji odmah izvadi novčarku iz svog pozamašnog unutrašnjeg džepa, i gurnu u nju nos da bi izvukao listić koji je izgledao kao bankarski ček. Dade ga Gaji, počinivši grešku što ga je, pružajući mu ček, gledao u oči. Kad vas je dvoje i kad oboma preti nezadrživi napad smeha, onda treba izbegavati ukrštanje pogleda. Dve slabosti se sabiraju i grč smeha pobeđuje. Uštogljenost je, uostalom, bila dobra politika, ali je Gaja, osokoljen svojim dotadašnjim samosavlađivanjem, pomislio da je u stanju da se i dalje pretvara i odglumi još nešto, onaj bes koji je pokazao razgovarajući s Nemcem o nužnosti da isplata bude odmah. Ljudski organizam sposoban je za sve vrste pretvaranja, ali ne za više njih odjednom. Iz toga nastade takva slabost da je istog časa morao da se prepusti žestokom izlivu smeha koji ga umalo ne obori sa stolice, a odmah za njim, zaražen tim smehom, Vestermanov predstavnik stade da se trese u svojoj bundi. Smejali su se i u isto vreme na sav glas psovali na nemačkom. Mario je gledao, uzalud pokušavajući da se osmehne kako bi im se pridružio. A onda se oseti uvređenim što su se prema jednom takvom poslu odnosili na takav način. Ti špekulanti su oskrnavili plemenitost vina i knjige.

Napokon se Gaja pribrao i preduzeo korake da popravi stvar. Izvuče iz Nemčeve novčarke drugi listić, zaista sličan onom čeku, i promuca, smejući se i dalje, da mu umesto čeka Nemac umalo nije dao taj kupon, koji potiče s mesta pomenutog u sinoćnjem razgovoru, i gde je taj prasac išao svake večeri. Iako na takvim mestima nije bilo sličnih kupona. Ali Gaja je izgovorio prvo što mu je došlo u tom trenutku, i na njegovo veliko iznenađenje, Samiljiju je to bilo dovoljno: 'Kazna za neporočnost,' pomisli tad Gaja.

Mario se time zadovoljio samo zato što je jedva čekao da za tim stolom ponovo zavlada ozbiljnost, ali i da zaboravi taj neprijatan ispad. Navika pisca da briše rečenicu zbog koje se pokajao, navodi ga da s lakoćom prihvati kad neko drugi uradi to isto. On piše o stvarnosti, ali ume da odstrani sve ono što se u njegovu stvarnost ne uklapa. To je i ovde uradio. Pretvarao se, iz ljubaznosti, da gleda kupon koji je Gaja i dalje uporno držao podignut uvis. Tako se gleda u nekog neznanca koji nam se, na pločniku, na trenutak ispreči na putu pa ne možemo da nastavimo dalje.

I tako Mario potpisa dva primerka ugovora. Posle nekoliko dana, trebalo je da dobije nazad jedan primerak s potpisom izdavača. Dok se to ne dogodi, međutim, daju mu ček koji jednako vredi kao novac (kako mu je Gaja objasnio): menica firme Vesterman na određenu Banku u Beču, naplativa po viđenju na Mariov nalog.

Kada su izašli iz kafea, pre nego što će se rastati s Nemcem, Mario je poželeo da mu zahvali, i pokuša da ponovi na nemačkom reč zahvalnosti koju mu je predložio Gaja. Ali ga onda sâm Gaja prekinu: „Ma pusti to, ima i on svoju računicu." Hteo je da ostane nasamo s Mariom, i oprosti se s Nemcem, kome se izgleda takođe žurilo da se što pre izgubi.

„A sad," predloži Gaja, „idemo zajedno u Banku da naplatimo ovaj ček."

Mario nije imao ništa protiv, ali u tom trenutku sat na trgu otkuca podne. Gaji je bilo žao što je zakasnio pa nije mogao odmah da ode s Mariom u Banku koja se u to vreme zatvarala. „Hoćeš li da se nađemo u tri?" Oklevao je. Popodne je imao neki drugi dogovor i bilo bi mu žao da ga propusti. Bilo bi ružno da zbog jedne šale žrtvuje vlastiti interes. Onda bi i sâm postao žrtva te iste šale.

Mario se usprotivi kako ume da ode u Banku. Zar nije i on sâm, na nesreću, već toliko godina u trgovini? Posumnjao je da se Gaja pribojava za svoju proviziju, i odmah ga je razuverio. „Čim dobijem novac, doneću ti tvojih dve hiljade kruna."

„Nije reč o tome," reče Gaja, oklevajući i dalje. A onda, rešen, objasni: „Ne bi trebalo odmah da unovčiš taj ček. Zamolio me je Vestermanov predstavnik. On nosi njegov potpis, al' s današnjim poštanskim vezama, nije sigurno da će potvrda tog potpisa stići na vreme." Učini mu se da se Mario smrknuo, i dodade: „Ali nema mesta za strah. Ako pogledaš ček, videćeš da ga je potpisao Vestermanov opunomoćenik. Ti treba da ga predaš Banci dajući joj nalog da u slučaju odbijanja ne pokreće protest." Na kraju je izgledalo kao da se Gaja pokajao zbog svojih reči. „Sve ti ovo govorim pre svega da bih te poštedeo sekiracije. Čak i kad bi hteo, s obzirom na to kakva su vremena, Banka ti ne bi isplatila ovaj ček, i pored svih potpisa. I zato bi bilo bolje da ga predaš Banci da ga ona naplati. Meni se uopšte ne žuri da dobijem svoju proviziju. Uopšte ne brinem, kao da mi je već u džepu."

Mario je obećao da će se striktno pridržavati njegovih uputstava. Uostalom, i sam je već pomislio da to uradi. Sa čekom u džepu, i on je stekao status poslovnog čoveka. A Gaja je mogao da bude miran jer podvala neće uvući ni njega ni Marija ni u kakav sukob sa sudskim vlastima. Bilo je tu i uzvišenijih razloga koji su ga umirivali. Elem, verovao je da se u svim civilizovanim zemljama priznaje pravo na zbijanje šale.

A Mario je i dalje bio slep. Gajina uznemirenost jasno se videla, ali je on nije primetio jer ga je u tom trenutku mučila griža savesti. Griža savesti je specijalnost pisaca. Teško mu je padalo što je uvek potcenjivao Gaju a sad ima toliko koristi od njega. Dotad je to prijateljstvo podnosio samo iz poštovanja prema sećanjima na mladost, koja ljudi poput njega duboko poštuju. Zar ne bi trebalo da mu pokaže da se od tog dana promenila priroda njihovih odnosa? S druge strane, to baš i nije mogao odmah da uradi jer bi izgledalo kao da mu poručuje da za njegovu pomoć, pored provizije, hoće da mu plati i svojim prijateljstvom.

Ali Gaja je, sad već rasterećen svake brige, odjurio ne sačekavši zadocnele odluke pisca sviknutog da ih dugo preživa. Da bi raspršio sve oblake koji su se nadvili nad njegovim blaženim mislima, Mario odluči: „Kada mu budem dao proviziju, lepo ću ga poljubiti. Koštaće me truda, ali moram biti pravedan."

Nije Gaja baš sve predvideo. Pre svega, u Banku je otišao Brauer, na molbu Marija koji je morao da ostane u kancelariji. Brauer se savesno pridržavao dobijenih uputstava: predao je ček za naplatu, i naložio vraćanje bez podizanja protesta u slučaju odbijanja. Ali mu službenik, inače Brauerov prijatelj, dade savet da se obezbedi za kurs od tog dana i Brauer, već upoznat s neverovatnim promenama kursa u poslednje vreme, pomisli da je valjanost tog saveta toliko očigledna da ga odmah prihvati ne osetivši potrebu da traži ovlašćenje od Marija. Tako da je Mario, zajedno s priznanicom za ček, dobio i kupon u kojem Banka izjavljuje da je od njega kupila dvesta hiljada kruna po ceni od sedamdeset pet lira za sto kruna s rokom isplate do decembra. Mario presavi oba dokumenta i pažljivo ih odloži u ladicu. Ni Mario ni Brauer nisu primetili da su prodali nešto što možda nije ni postojalo. Brauer je bio ogorčen što se Vesterman nije smislio petnaestak dana ranije, jer je u odnosu na tadašnji kurs Mario izgubio pedeset hiljada lira. Mario je uz osmeh slegnuo ramenima: zakidanje na novčanom iznosu nije bilo važno budući da time nije zakinuto na uspehu.

Još nešto Gaja nije predvideo. Posle nekoliko dana, Brauer je saznao za izvesne finansijske poteškoće koje su dva brata imala, i nagovorio je Marija da prihvati pozajmicu od tri hiljade kruna, jer nije bilo u redu da se muči kad je onoliki novac već putovao na njegovu adresu. Mariju je taj novac bio dragocen. Kupio je puno stvari, i svaka od njih bila je opipljivi znak njegovog uspeha.

Nekoliko večeri zaredom dva brata su se odrekla čitanja da bi uživali u novom nameštaju koji je blistao među komadima onog starog i ofucanog, svedoka njihovog dolaska na ovaj svet. Napravili su čak i spisak stvari koje će kupiti kada Mariju bude isplaćen novac koji mu sleduje. Sve je tada bilo vrlo skupo, ali se Mariju činilo da je njegov novac bio veoma jeftin. Naravno, za njega je u međuvremenu, osim uspeha, i novac postao veoma važan.

## VI

Tačno je bilo da čekanje ne stvara basne, ali u dugim danima koji su usledili i u kojima se ništa nije događalo, Mario je morao da prizna da ono ipak nije jednolično, jer nijedan od tih dana nije ličio na onaj koji mu je prethodio ili usledio. Evo priče o nekima od njih.

Brauer je više puta odlazio u Banku i, ne dobijajući očekivanu vest, hteo je da nagovori Marija da tefegrafiše kako bi što pre saznao sudbinu čeka. Ali Mario nije poslušao savet poslovnog čoveka, jer je mislio da je tu književna praksa odlučujuća. Znao je iz gorkog iskustva da je u književnosti opasno uznemiravati svoje pokrovitelje požurivanjem i zahtevima. Povremeno bi, posle dužeg ubeđivanja, pristao da skokne do Banke kako bi poslao tu depešu, ali bi ga onda u tome sprečila strašna slika razgnevljenog Vestermana koji bi mogao da shvati da mu taj roman zapravo i ne treba. Iako roba, roman je ipak drugačiji od sve ostale robe. Mario je mislio da će, ako sad izgubi tog kupca, morati da čeka narednih četrdeset godina da bi našao drugog.

Uostalom, čak i kad bi se odlučio da pošalje tu neučtivu poruku (učtivost u depešama previše košta), morao bi da dobije Gajinu saglasnost. Ali ovaj kao da je u zemlju propao. Sad kad se opet moglo nesmetano kretati, on se vratio obilasku svojih klijenata u susednoj Istri. Mario bi od ovog ili onog saznao da je viđen u Trstu, ali nije uspeo da ga nađe ni kod kuće ni u kancelariji.

Bio je to težak period. Beč nije slao novac, a nisu se javljivali ni Vesterman ni njegov obožavani i nakaradni kritičar. Nema spora da su ugovor i ček bili potpisani, ali ko zna da li je onaj užasni čovek u krznu tačno preneo Vestermanovu želju. Na kraju krajeva, ta spodoba koja je govorila samo nemački bila je samo prevod italijanskog Gaje. Dakle, može biti da je pogrešio.

Mario je imao izvesnog iskustva u poslovima, a imao je, mora se priznati, i izvesnog iskustva sa književnošću. Ono o čemu nije znao ama baš ništa, bili su poslovi u oblasti književnih proizvoda. Sam, dakle, nije mogao da otkrije podvalu. Da nije bila reč o književnosti, on više ni u snu ne bi prihvatio da jedan praktičan poslovni čovek, kakav je Vesterman svakako morao biti, nudi toliko novca za nešto što je mogao da dobije za mnogo manje pare, na primer za onu sićuću koju mu je pozajmio Brauer. Pošto je Mario taj iznos dugovao, on više nije hteo da prihvati da bi svoj roman ustupio i za džabe. No možda je to bilo uobičajeno u poslovima vezanim za književnost, a izdavač je posedovao i dobrotu mecene.

A Đulio je, iz svoje bezbrižne postelje, potpomogao raspršivanje Mariovih sumnji. Rekao je da je Vesterman, onako kako ga je on zamišljao, nesumnjivo čovek kome dvesta hiljada kruna gore ili dole sigurno ne znači ništa. Uostalom, kakvog smisla ima proveravati da li je izdavač negde pogrešio? Ako ga je prefrigani Gaja na to navukao, utoliko bolje.

Đuliova oštroumna razmišljanja bila su dovoljna da usreće Marija na nekoliko sati. Onda bi ga ponovo zahvatilo uzbuđenje od iščekivanja. Nalazio se u stanju koje je podsećalo na vreme odmah posle objavljivanja njegovog romana. I tada je iščekivanje uspeha – koji mu se u početku činio siguran koliko i sada ugovor sa Vestermanom – toliko zavladalo njegovim životom pretvorivši ga u nepodnošljivo mučenje čak i u sećanju. Ali tada, s obzirom na bujnost mladosti, iščekivanje nije remetilo njegov san i njegov apetit. I ma koliko da je verovao u svoj potpuni uspeh, sirotog Marija je iskustvo upravo učilo da se posle šezdesete godine više ne treba baviti književnošću, jer bi to moglo postati vrlo štetno po zdravlje.

Nikada nije posumnjao da je žrtva jedne sprdačine, ali je izvesno da je najistančaniji deo njegovog uma, onaj namenjen nadahnuću, nesvestan i nesposoban da se iz bilo kojeg razloga meša u ovozemaljske stvari, osim da im se smeje ili zbog njih plače, to ipak priznao. Basna koja sledi može se u nekom smislu smatrati i predskazanjem:

*U jednu ulicu u predgrađu Trsta dolazilo je mnogo vrabaca koji su se veselo hranili svakojakim splačinama koje su u njoj nalazili. Onda se tu nastani jedan bogati gospodin, čije je najveće zadovoljstvo bilo da im ostavlja velike količine hleba. A splačine su beskorisno ležale na ulici. Posle nekoliko meseci (usred zime) bogati gospodin se preseli na onaj svet, i vrapci, od bogatih naslednika, nisu više dobili ni jednu jedinu mrvicu hleba. I tako, gotovo sve napuštene ptičice pomreše jer nisu umele da se vrate svojoj staroj navici. A u predgrađu su pokojnog gospodina veoma osuđivali.*

Neko vreme, zahvaljući domišljatim idejama, Đulio je uspevao da zaštiti svoj san. Ali jedne večeri

Mario iznenada prekinu čitanje i pohita do rečnika da proveri upotrebu jedne reči. Nasilno vraćen s onog slatkog puta koji vodi ka snu, duž kojeg je upravo klizio, Đulio se u trenu razbudi tako da je mogao da se odbrani uobičajenim lukavstvom. Promrlja: „To za nemački prevod nije važno." Ali Mario, u čijoj je duši uspeh sve više rastao, mislio je da mora da se pripremi i za drugo italijansko izdanje, i ostade prikovan za rečnik. Štaviše, s dubokim uvažavanjem koje prema toj knjizi gaje svi dobri italijanski pisci, kad ga je već uzeo u ruke, pročita naglas čitavu jednu stranicu. A čitanje rečnika liči na jurnjavu automobila preko vresišta. Onda se desilo nešto još gore: na toj stranici, Mario je naišao na dokaz koji mu je potvrdio da je na jednom mestu u romanu pogrešno upotrebio pomoćni glagol. Greška koja je ostavljena potomstvu. Kakva tuga! Mario, uzbuđen, nije nikako mogao da nađe to mesto, i preklinjao je Đulija da mu pomogne.

Đulio shvati da je prošlo vreme kad su njegova lukavstva mogla da ga zaštite od te književnosti koja je sad postala zaista nepodnošljiva. Ali je bio uveren, iz dugogodišnjeg iskustva, da će Mario učiniti sve što ga zamoli za dobrobit njegovog zdravlja. Stoga je bio dirljivo iskren, ali pomalo osoran, kao uostalom i svako ko je iz sna vraćen u bolnu i dosadnu stvarnost.

Kazao je Mariju da je njemu sad vreme za spavanje. Ujutru ga je čekao onaj lek posle kojeg je morao da počine još dva sata pre nego što popije kafu. Ako se odmah ne bude primirio i zaspao, kako će izgledati naredni dan kad svi obroci budu ispomerani?

Mariju preplavi osećaj besa, prilično drugačijeg od dobroćudne prostodušnosti s kojom bi pre samo nedelju dana primio neku uvredljivu Đuliovu primedbu. Smatrao je svojom dužnošću da se pretvara da ne haje i da sakrije da ga je to povredilo. Ponese knjigu i rečnik i izađe ne setivši se da zatvori vrata. Privid ravnodušnosti postignut je po cenu rasta ozleđenosti. Odlazeći iz sobe, pomisli: 'I njemu treba moj uspeh da bi me više poštovao'.

A Đulio, pored vrata koja su ostala otvorena, provede nemirnu noć. Zbog bure, lupkanju šalona u sobi pridružilo se i škripanje šarki na vratima hodnika. Bolesnik je imao utisak da je noć proveo u nekom rečniku koji je odzvanjao od bubnjanja reči poređanih po azbučnom redu, prerastajući u snažan krik, iznenađujući i neočekivan.

Naredne večeri, posle večere, Mario je ostao s bratom i, pošto je raspremio sto, udaljio se ne nagovestivši ni jednom jedinom rečju da je ozleđen. Čak je i pomogao bratu da se posluži. Imao je utisak da je svoju dužnost ispunio do kraja i da je bratu pružio sve ono što je morao da mu pruži. Ali je bio čvrsto rešen da ne uradi ništa više od toga. Đulio, dakle, neće rečnik koji je njemu neodložno trebao? Dobro, je l' hoće čitanje, e pa moraće sâm da čita. Shvatio je, bez imalo griže savesti, da je svojom nebrigom upropastio bratu noć. Pa šta? Da on možda nije bolje spavao, sa svim onim utvarama od Vestermana i njegovih predstavnika?

Ali Đulio je osećao neizdrživu potrebu da se pomiri. Ućutavši se, Mario mu više nije prenosio čak ni vesti iz čaršije, koje je Đulio čekao kao ozebao sunce. On jeste bio stariji, ali budući da je ovaj drugi bio uvređen, iz slabosti koja obično prati bolest, reši da on napravi prvi korak. U svojoj osami razmišljao je o tome čitav jedan dan, i možda je napravio tako veliku grešku baš zato što je razmišljao previše. Ili, pak, mnogo je verovatnije da posle tolikog razmišljanja, čovek na kraju previše jasno sagleda vlastito pravo ili vlastitu nesreću, što mu svakako ne pomaže da postane oprezniji.

Obrati se Mariju kao bratu, poveravajući mu šta je to njemu potrebno da bi živeo odnosno da bi se izlečio. Između ostalog, bilo mu je potrebno polagano čitanje, koje bi u sećanje prizivalo nežne slike i koje bi milovalo njegov napaćeni organizam. Zašto ne bi mogli da se vrate svojim starim autorima, De Amičisu i Fogacaru?

Neobična je tolika prostodušnost kod jednog nemoćnog bolesnika kome je lukavstvo bilo preka potreba. Zaboravio je dakle na srećan ishod svoje genijalne zamisli od pre nekoliko godina kada je predložio da zauvek batale De Amičisa i Fogacara i zamene ih bratovljevim delom? E da, za razliku od vrabaca, čovek će se, pritisnut nekom potrebom, izložiti svakakvim opasnostima samo da bi je zadovoljio.

Mario je morao da se suzdrži da ne poskoči kad je čuo da bi dva uspešna pisca mogla uskoro da ga istisnu i iz tog jedinog kutka na zemaljskom šaru koji je do tada bio samo njegov. Eto, baš u trenutku kad se čitav svet širom otvarao za njegov uspeh, on dobija poslednji udarac od onih koji su ga oduvek odbacivali. U tu svrhu poslužili su se oduzetom nogom ove budale od njegovog brata, koji se time konačno stavio na stranu njegovih neprijatelja.

Bilo mu je teško da glumi ravnodušnost, i njegov glas je podrhtavao od besa kada je saopštio bratu da mu već neko vreme čitanje pada teško, i da to više ne bi trebalo da radi ako hoće da sačuva grlo.

Đulio pretrnu od straha, jer odmah shvati kakvu je grešku napravio, i jasno nasluti šta mu Mario sprema. Bila mu je zastrašujuća i sâma pomisao da bi njegova usamljenost mogla da se produži i na one večernje sate kada su mu toplina i prisnost bile potrebne više nego književnost da bi utonuo u san. Hteo je, bez oklevanja, da ispravi svoju grešku: „Ako ti hoćeš, vratimo se tvom romanu. Ja se potpuno slažem. Hteo sam samo da izbegnem rečnik, čije se čitanje jako teško podnosi."

Jadni Đulio nije znao da postoji samo jedan način da se ublaži nehotična uvreda: da se pravi da je nije primetio i da se nada da je onaj drugi nije shvatio. Svako drugo objašnjenje isto je što i njeno utvrđivanje, ponavljanje.

I Mario se, do bola povređen, prodera: „Ali zar ti nisam rekao da je reč o mom grlu? Sasvim je svejedno da li je proza Fogacarova, De Amičisova ili moja!"

Bila je to preispoljna laž, ali Đulio nije bio promućuran da bi je otkrio. Reče krotko: „Ti znaš da ja tvoju prozu volim više nego sve druge. Zar je nisam tolike godine slušao svake večeri, iako je znam gotovo napamet. Samo što mi smetaju ispravke. Mi koji nismo književnici, volimo konačne stvari. Ako se u našem prisustvu promeni neka reč, mi posumnjamo u verodostojnost čitave stranice."

Bolesnik je pokazao znake izvesnog kritičkog talenta, ali u isto vreme i beskrajne lakovernosti. Terao je, znači, Marija da mu čita ono što je već znao napamet? Zar to nije bila vrhunska zamerka? Mariova srdžba provali, i pošto je sad oslobodio tu bujicu, ona ga još više preplavi kao što se obično događa s piscima za koje reč nije pražnjenje već nadražaj. Uzviknu, trudeći se da i u svoj glas unese sav mogući prezir: „Pa da, ti na spomen književnosti praviš onu istu grimasu s kojom gutaš salicilnu kiselinu. To je čak uvredljivo. Čovek može da se usredsredi na lečenje, ali sve ima svoje granice. Vlastiti život ne može biti toliko važan da njegovo produženje zaslužuje da se u klistir pretvore sve najuzvišenije stvari ovoga sveta."

Književnost je, na napad, odgovorila tako što je uvredila bolest. Duboko u sebi, Đulio je pokušao da nađe reči ali nije mogao da dođe ni do daha. Odlazeći, Mario je zatvorio vrata, ali je bolesnik ipak proveo besanu noć jer je najpre pokušao da ubedi sebe da nije on kriv što je bolestan, a to nije išlo lako, budući da je njegov lekar uporno tvrdio da je bolest posledica pogrešnog načina života i ishrane; a onda se ljutito zgražao nad Mariom koji je svojim prezirom prema lečenju na koje je bio prinuđen zapravo pokazao da priželjkuje njegovu smrt. Ipak nije čitavu noć proveo raspravljajući se s odsutnim bratom. Sagledao je bolje nego ikad svu besmislenost svog života. Sad mu je bilo sasvim jasno da time što živi on ne podvaljuje smrti, već životu koji nije želeo da zna za olupine poput njega, koje više ne služe ničemu. I to ga je duboko ražalostilo.

Mario oseti izvesnu zadršku pa i izvesnu grižu savesti, pre nego što dovrši svoju tiradu. Ali dovrši je, do poslednje reči, zaokruživši je onom prezrivom pljuvačinom po lečenju, kojem je klistir pripisao kao znamenje. Dovrši je iako je primetio da je Đuliov pogled, u slabosti koju je osećao, postao molećiv kad je shvatio da je napadnuta suština njegovog života. Ali Mario je stvarao. Otkrivši taj slikoviti klistir, oseti jednako zadovoljstvo kao da je stvorio basnu.

Malo kasnije, u samoći njegove sobe, Mariovo zadovoljstvo je splasnulo. Sve tvorevine jednom usahnu, i već mu se činilo da taj klistir i nije nešto naročito. Ipak je bio besan poput kakvog uvređenog Napoleona: i književnost ima svoje Napoleone. Zar Đuliova dužnost ne bi bila da mu pomogne u radu? I završi se tako što Mario poče da sažaljeva sebe. Svašta je morao da podnosi: a pored svega još i Đuliovu glupost i grižu savesti zato što ga je uvredio. Međutim, uprkos tolikom besu, osećajući se mnogo nadmoćnijim u odnosu na bolesnika, i ne verujući baš sasvim u svoju krivicu, on bi rado otišao do Đulija i zamolio ga za oproštaj. Ali osećao je da same po sebi reči ne bi ništa popravile, budući da bi u sebi nesumnjivo nosile izvesno prebacivanje radi zaštite vlastitog dostojanstva. Treba mnogo više od reči da bi se zacelile rane nanete rečima. Jer tačno je bilo da Đuliov život ne zaslužuje da se živi, i onaj ko mu je to rekao, otkrio je istinu koja više nije mogla da se porekne ili zaboravi. Neizrečene stvari imaju manje očigledan život od onih koje se razotkriju rečima, ali kad jednom steknu taj život, one se ne mogu ublažiti samo drugim rečima. I Mario se smiri s namerom da ponovo uspostavi nekadašnje bliske odnose s bratom onda kada za njegov veliki uspeh budu znali svi. Tada će njegova reč nesumnjivo biti dovoljna da postigne svaki učinak.

Te namere se čvrsto držao, i nije primetio da bi bilo bolje da za mirenje s bolesnikom ne čeka dolazak usporenog Vestermana.

Đulio je stvarno patio. Čak i kad je Mario ponovo postao prijatan i razgovorljiv, on nije uspeo da zaboravi uvrede koje su mu nanete. Pre svega, nije bilo onih objašnjavanja i pravdanja od kojih naročito slabići (koji jako vole reči) očekuju razrešenje svih nesuglasica, a onda, nisu se vratili svojoj dragoj, staroj navici večernjeg čitanja. Plašio se, međutim, tih objašnjenja samo zato što je u onim ranijim pokazao toliku slabost. A da bi do objašnjenja došao, a da pri tom ne mora ništa da kaže, pade mu na pamet da reči zameni jednim odlučnim činom: upadljivo prestade da se leči, nadajući se da će Mario primetiti i da će mu biti žao. Mario, međutim, nije primetio ništa, možda zato što je to trajalo prekratko. Bolesniku je odmah bilo loše, te se prepadnut vratio svojim lekovima, koji su sad manje delovali. Kako može da deluje blagotvorno lek koji je bio toliko prezren?

I tako se Đulio, nesposoban za činjenje, vrati rečima, koje međutim posveti samo onom činu na koji se bio odvažio ali ga nije sproveo. Jedne večeri, s blagim pogledom i ne gledajući Marija u oči, reče prekidajući večeru da bi popio neke svoje praškove: „Kao što vidiš, ja se, eto, protiv svakog zdravog razuma i dalje lečim."

Mario, koji kao svi veliki ljudi (pošto se tako osećao) nije pridavao toliki značaj njihovoj svađi od koje nije ostalo ništa osim dobre prilike da se izbegne večernje čitanje, nađe se u čudu, i gromko obznani da Đulio ima obavezu da se leči kako bi ozdravio, kao da pre samo nekoliko dana nije još glasnije rekao nešto sasvim suprotno.

To nije bilo dovoljno da bi umirilo Đulija. Mario to nije primetio; samo se zabavljao posmatrajući Đulija kako guta prašak rastvoren u vodi, ličio je na kakvo jogunasto dete. Kao da je hteo da kaže: „Ja se lečim, ja imam pravo da se lečim, a imam i obavezu da to radim."

Čoveku od pera dovoljna je samo jedna kretnja da izgradi čitavu osobu sa udovima koji su joj potrebni da napravi tu kretnju, kao i svim drugim korisnim delovima tela. Gradi je, ali ne veruje u to, i voli je naročito ako može da veruje da je ona njegova uobrazilja koja ipak ume da se kreće u stvarnom svetu i da bude obasjana svakodnevnim suncem. A ako takva tvorevina već postoji, on i ne primećuje, jer to uopšte nije važno za njegovu zamisao. I da bi lice svog priviđenja na pravi način prilagodio tolikoj uzjogunjenosti, Mario zameni Đulija, za kog je mislio da se više čak i ne seća njegovih reči, mnogo jačom premda ništa manje bolesnom osobom, koja je polagala pravo na to da živi upavo takvim životom u svom toplom krevetu, kao i na pravo da joj se u tome pomogne lekovima, a i čitanjem, kao što je on to želeo. I Mario zavole vlastitu tvorevinu: tu slabost i to jogunstvo, i toliku predanost sudbini. Ta skica od lika bila je slika bednog života ispunjenog patnjom, ali još uvek kadra da brani svu tu bedu i patnju.

Nije nimalo lak posao da se grade umesto da se gledaju već postojeće stvari oko sebe. Ali bio je dovoljan da rasvetli njegove odnose sa bratom. Jer čim je stvorio taj lik, Mario se osvrnu oko sebe, kao što to rade pisci, da bi ga okružio osobama koje će ga istaći i među kojima će živeti. Naravno, pored brata, koga je po svom mišljenju tim ispravkama popravio, na prvom mestu je ugurao sebe. Ali kada je reč o sebi, ne greši se tako lako, i odmah se zaseca živo meso. Shvatio je da ima sreće što Đulio nije dorastao da mu sudi, jer se on, uspešan čovek, poneo tako da bi morao da se stidi. Zaista sramotno. Hteo je da povredi i uvredi jadnog bolesnika, koga mu je sudbina poverila, jer je sasvim bezazleno i jedan jedini put odbacio njegovo delo. On je već bio uspešan čovek. Osoba u kojoj je ambicija počela da se izobličuje u smešnu taštinu, i koji je mislio da uobičajeni zakoni pravde i ljudskosti ne važe za njega. Baci pogled iza sebe, u svoju najbližu prošlost, na svoj besprekoran, umeren život potpuno nesebično posvećen jednoj misli, i oseti zavist i žaljenje za njim.

S vremena na vreme, doduše samo na tren, javljala mu se ona misao koja ga je oplemenjivala. Uostalom, trajanje uzvišene misli u vremenu i prostoru nije važno, jer ako je postojala, ona ostaje, i nikada neće biti zaboravljena. Mario će, u budućnosti, naći u tome utehu i ponos. Uvek pre naslućena nego shvaćena, ta misao se razvila onda kad je strastvena želja za srećom koju donosi uspeh nije odmah odbacila i porekla. Jednog dana Mario oseti kako mu se steže srce shvativši da je uspeh uništio njegovu ljubav prema basni. Već danima nije napisao, a ni sanjao, ni jednu jedinu. Uspeh je vezao njegove misli za stari roman, koji je on sad proučavao kako bi ga preradio, ukrasio, puneći ga novim bojama, novim rečima. Uspeh je bio zlatna krletka. Vesterman mu je saopštio šta se od njega očekuje i on se spremao da dâ ono što se od njega traži i ništa više. A kasnije, kad je prevara otkrivena, on započe svoj povratak starom životu basnom u kojoj je pripovedao o ptičici umilnog glasa u krletki, koja se hvalila da slavi prirodu a nije umela da peva ni o čemu osim o čančetu s vodom i zdelici s prosom s kojima je živela. I beše njegova velika uteha što je bio spreman, a kasnije je i morao, da odbaci smešnu ideju o zasluženim pohvalama i divljenju, i da prihvati sudbinu koja mu je bila namenjena kao nešto ljudsko a ne nedostojno.

Ali pre toga, pa ni za vreme onih kratkotrajnih trenutaka prosvetljenja, nikad ne pomisli da bi se mogao uzdići dotle da odbaci uspeh koji mu se nudi. Uzalud je Epikurov glas, zatomljen velikom daljinom, pozivao: „Živi u senci". Težio je slavi kao svi oni koji veruju da je mogu dostići, i bio je bolestan od dugog, uzaludnog čekanja.

## VII

Gaja je bio iznenađen i grizlo ga je što sâm Mario nije razglasio podvalu. On je nije širio da se ne bi izlagao previše, a uostalom i zato što je mislio da to neće biti potrebno. Štaviše, očekivao je da će stići u javnost zahvaljući nekom Mariovom prijatelju koji će je objaviti u nekim lokalnim novinama. Kakav je to Mario autor kad ne trči po gradu i ne priča svima o svom uspehu? Pošto je imao sve više posla, Gaja nije stizao da potraži Marija kako bi ga navukao na priču i onda se time naslađivao. A podvala čiji su plodovi toliko kasnili, za njega je uvek bila uzvišena, obećanje zasluženog uživanja.

Jedne večeri, po povratku s napornog putovanja u vagonu male, spore i stoga dugačke istarske železnice, zadržao se satima u jednoj krčmi gde je pio u društvu nekih prijatelja. I kao što je vino trebalo da mu pomogne da zaboravi zagušljivost vagona, tako ga je podsetilo na njegovu podvalu da bi mu skrenulo misli sa dosadnih poslova. Ispriča je pred svima, a onda mu sine ideja koja ga je očarala. Predloži da jedan od prisutnih koji je poznavao Samiljija ode kod njega i predloži mu da za račun nekog drugog nemačkog izdavača otkupi knjigu po ceni čak višoj od one koju mu je ponudio Vesterman, i s ugovorom koji bi obavezao izdavača da knjigu izda odmah. Valjao se od smeha zamišljajući Mariovo kajanje što se već dogovorio sa Vestermanom. Prisutni su zaključili da je ta šala više nego neslana i odbili da učestvuju, a Gaja je digao ruke tražeći od njih da mu obećaju da dvojici braće neće reći ništa od onoga što su te večeri pričali.

I o tome više nije razmišljao, što je za njega bilo najlakše. Prva podvala ga je već beskrajno zabavila i očekivao je da mu ona donese još uživanja, ako ništa drugo onda barem uživanje da prisustvuje Mariovoj patnji, a možda i onome što je on nazivao Mariovim izlečenjem od svake uobraženosti. Vešto se snašao da izbegne sva prebacivanja. Vestermanov predstavnik bio je običan trgovački putnik koji je trgovao u Trstu kada je Austrija pobeđena, zbog čega je bio osuđen na besposličenje i voljan da sarađuje u jednoj šaljivoj podvali. Već je bio daleko od Trsta, i Gaja bi mogao da tvrdi kako je i on bio izigran. Ostavljao je mogućnost da je Mario ipak dovoljno obdaren humorom da se i sâm nasmeje podvali. To nije bilo mnogo verovatno, jer ljudi koji vole slavu ne umeju da se smeju, ali da je Mario umeo da se izdigne tako visoko, uspeo bi da postane njegov dostojan drug, i da s njim pije u najvećem prijateljstvu.

Kako god bilo, ali on je u međuvremenu ipak napravio jednu veliku nepromišljenost. Jedan od onih prijatelja držao je jezik za zubima pred svima osim pred svojom porodicom, i njegov sinčić, koga je povremeno slao kod Samiljijevih da vidi kako su, prenese Đuliju u grubim crtama ono što je čuo. Ispriča kako je Gaja namagarčio Marija pošto ga je naveo da poveruje kako neki Đosterman, upravnik pozorišta, hoće po svaku cenu da postavi neku njegovu komediju. Sve je bilo do te mere pogrešno, da je Đulio najpre pomislio da je to nešto sasvim drugo i da nema nikakve veze sa Mariom.

I Mario se u prvom trenutku takođe smejao. Dva brata su upravo večerala zajedno i bilo je zapanjujuće kako Mario, posle prvih nekoliko zalogaja unetih sasvim mirno, odjednom, sam od sebe, bez ijedne jedine dodatne reči, oseti ni manje ni više nego da umire pošto je shvatio čitavu prevaru. Otkrio ju je s velikim iznenađenjem, al' se u isto vreme čudio što je morao da čeka na neku neodređenu reč upozorenja da bi je do kraja prozreo. Da li je namerno zatvorio oči da ne bi ništa video ni shvatio? Od samog početka je naslutio pravu prirodu one dvojice gospara s kojima je imao posla i mogao je da ih raskrinka još onda kad su se u njegovom prisustvu dvojica bestidnika zacenila od smeha. Zašto nije mislio, zašto nije gledao? Setio se još nečega: cvikeri na špicastom Nemčevom nosu podrhtavali su od zauzdavanog smeha; slično drmusanju motora u automobilu. Sad su Mariove misli bile tako brze i pronicljive da su otkrile nešto što su njegove oči jasno videle, ali što dotad još nisu bile prenele njegovom mozgu: onaj papirić izvađen iz Nemčeve novčarke, a koji je trebalo da opravda napad smeha kod one dvojice, bio je odštampan na gotici. Gotika, sva u pravim linijama i ćoškasta. U to je bio uveren, kao da ga sad gleda. Znači da nije mogao biti iz nekog tršćanskog bordela. Lažljivci! I to lažljivci koji su sav svoj prezir prema njemu pokazali time što se nisu čak potrudili ni da povedu računa.

Ako je nasamaren, zaslužio je bilo koju kaznu. I hteo je odmah da se kazni, ugrizavši se snažno za usnu. Ali sva ta vidovitost bila je ipak propraćena sumnjom. Još jedan dokaz vlastite nepopravljive gluposti? Siroti Mario! Ma kako da je nešto očigledno, kad nanosi toliki bol, čovek ga ne može prihvatiti a da prethodno ne pokuša da ga prekrije mutnim velom. Svako se bori protiv sudbine kako ume, a Mario je pokušao da je zaustavi govoreći sebi da ne treba priznati da je reč o podvali dogod se ne otkrije njena svrha. Smeha radi? Ali to je zadovoljstvo koje žrtva ne razume. Pokušao je ipak da se oslobodi sumnje ne zato što mu je izgledala neosnovana već zato što mu se činilo da doprinosi njegovom rastrojstvu i povećava njegov bol. Hteo je da barem noć provede u izvesnosti. I nije bilo drugog načina da do nje dođe osim da se posveti razmišljanju. Napolju je duvala bura, uz hučanje i zavijanje, te čak i da ona nije bila dovoljna da zaustavi Marija, postojao je još jedan razlog, nemogućnost da dođe do Gaje koji je, naročito noću, bio neuhvatljiv.

A za to vreme valjalo je saznati šta je tačno rekao onaj dečak, njihov prijatelj. I stoga započe detaljno ispitivanje jadnog Đulija koji se tih reči nije sećao jer im nije pridao veliku važnost. Bolesnik nije mogao da podnese Mariov smrknut pogled. Već je bio dovoljno propatio shvativši šta se upravo događalo njegovom bratu, tu, pred njim, ali sad je patio još više u strahu da će mu ponovo prebaciti zbog njegove slabosti, njegovog života. Na kraju se nekoliko suza skotrlja niz njegove upale obraze.

Videvši taj znak patnje kod svog brata, Mario se još više onespokoji. Žaliti zbog podvale na takav način značilo je priznati poraz i pridati joj veliku važnost. Prodra se: „Zašto plačeš? Zar ne vidiš da ja, koga sve ovo neposredno pogađa, suzu nisam pustio? I nikada me nećeš videti da zaplačem. Al' se nadam da ću naterati Gaju da sve suze isplače ako me je stvarno namagarčio."

Nije mogao da podnese Đulijevu slabost. Ostavi večeru i pošto je kratko pozdravo Đulija (na koga je zapravo bio kivan jer se nije dobro sećao šta je onaj dečak, njihov prijatelj, rekao), povuče se u svoju sobu.

Kad je ostao sam, učini mu se da je siguran i da je konačno odagnao i poslednju sumnju. Svrha podvale bila je ista kao kod svih drugih koje je Gaja posejao po Istri i Dalmaciji, i kojima se, sad se sećao, i sâm Mario od srca smejao. Da, da! Šale su za smejanje, i to je to! Smejali su se svi koji nisu morali da plaču. I prisećajući se toga, Mario briznu u plač kako i valja po zakonima šale.

I onako obučen, baci se na krevet. Neprestano je čuo smeh u koji su pred njim prsnula ona dvojica zaverenika. Odzvanjao je kroz razuzdano fijukanje bure, i sve više rastao. Povredio je sve snove koji su ulepšali njegov život. Ako je Gaja to hteo, na trenutak je postigao cilj: Mario se postideo svojih snova. Ma kako grubo i prostački bila izvedena, ova šala nije mogla da propadne. Komendijaš ju je pre toga oštroumno pripremio, i nije morao da je nadgleda. On ga je vrebao, i ponudio mu je ugovor koji nije bio izmišljen već brižljivo prepisan iz njegove glave. Zar on nije čekao tako nešto gotovo pola veka? A kad mu je bio ponuđen, nije se iznenadio, niti je bio sumnjičav. Nije čak ni pogledao u oči one koji su mu ga doneli. To mu je pripadalo, a kako je do njega stiglo, nije bilo važno. Bio je dakle namagarčen kao u davna vremena rogonje i budale, oni koji takvu zaslužuju.

Šala ga je baš zato i pekla, a ne zbog gubitka obećanog novca. Ni na trenutak nije pomislio na dug koji je imao prema Braueru u svetlu otkrivene prevare. Pre svega, kupljeni predmeti stajali su još netaknuti u kući, a onda, čovek nema predstavu kakve sve obaveze može da ispuni ako postoji iskrena želja. Novac nije bio važan. Ali ga je razdiralo uverenje da je nepovratno izgubio smisao života. Nikada više neće moći da se vrati u ono stanje u kojem je uvek živeo, hraneći se uobičajenim splačinama začinjenim tim uzvišenim snom koji je duboko utisnuo osmeh na njegove usne.

Pridev „namagarčen" najbolje ide uz žrtvu šale koja živi u u jednom gradu koji nije dovoljno veliki da bi mogla bezbedno, odnosno kao neznanac, šetati njegovim ulicama. Svaka njegova poznata slabost prati ga po ulicama zajedno s njegovom senkom. Ljudi iz istog društvenog miljea međusobno se znaju i svako gura prst u rane svoga bližnjeg. Svako od nas ima svoju sudbinu na ovoj zemlji, ali kada je poznata svima, samo zbog jednog susreta, jednog pogleda, ona postaje teža. Nikada se više neće osloboditi ove podvale. Kao što nikada nije uspeo da zaboravi kako ga je jedna žena ismejala, pošto ga je odbila. I posle tolikih godina, ona nije mogla da savlada podrugljiv osmeh kad god bi ga srela. S nepristrasnošću čoveka od pera, Mario se priseti da je i on za neke druge bio hodajuća kazna, jer bilo je u gradu onih koji bi se uznemirili samo kad bi ga videli. Onako dobar, on je pokušao da izgladi te odnose, ali u tome nije uspeo, između ostalog i zato što se takve neprijatne situacije objašnjenjima ne otklanjaju već samo pogoršavaju. On nikada nije pravio neslane šale, ali život je umeo da smisli i surovije od Gajinih, i bilo je dovoljno samo znati za to pa da te žrtve smatraju najgorim neprijateljem.

Noć bi bila jeziva da nisu basne pritrčale u pomoć da je ublaže. Došle su bezazlene, kao da ih se uopšte ne tiče pustolovina s Vestermanom, istog trena su nesmetano puštene u tu sobu. Zaslužile su takav prijem.

One su bile potpuno čiste, neukaljane podsmehom. Niko nije vrebao na njih. Bile su još čistije zato što su i za samog Marija uvek bile ako ne njegov dodatak onda svojevrsni vid osmeha i života. Gaja nije predvideo da Marija može izlečiti od jedne vrste književnosti ali ne i od čitave književnosti.

Plemenitih spasiteljki bilo je tri i držale su se za ruke, ali svaka mu se otkrila zasebno, da ga u odgovarajućem trenutku teši i vodi.

Evo kako se prikazala prva: Mario se ježio od pomisli da možda neće umeti da bude dovoljno odvažan da kazni Gaju, ne zato što ga se plašio, već zato što neće umeti da mu priđe i suoči se s njegovim zasluženim podsmehom. Jedna ptičica kraj njega šaputala mu je: „I slabost ima svoju utehu." I nastala je basna:

> *Jednu ptičicu je zadavio kobac. Imala je tek toliko vremena da ispusti svoj glas pobune, tek jedan snažan, veoma glasan krik ogorčenja. Ptičici se učini da je tako ispunila svoju dužnost, i njena majušna duša oseti ponos i vinu se uzvišena ka suncu da bi se izgubila u plavetnilu neba.*

Kakva uteha! Mario je zastao da se divi tom plavetnilu kojem duša ptičice pripada kao naša raju.

Druga je došla da jednim osmehom ispravi njegov glasno izgovoren naum da se više nikada ne bavi književnošću. Prilično je kasno stigao taj naum. I Mario se tome smejao kao da je neko bezazleno stvorenjce pored njega napravilo istu grešku:

> *Jedna ptičica je bila ranjena iz puške. Njene poslednje snage bile su usmerene na to da odleti s mesta na kojem je pogođena uz toliki prasak. Uspela je da se zavuče u senovitost šume gde je izdahnula promrmljavši: „Spasena sam."*

A treća je rasvetlila drugu. Jer lako je kriti svoju književnost. Dovoljno je čuvati se laskavaca i izdavača. Ali odustati od nje? I kako se onda živi? Sledeća tragedija ga je ohrabrila da ne uradi ono što bi Gaja želeo:

> Jedna ptičica obnevidela od gladi uhvatila se u klopku. Stavljena je u malu krletku u kojoj nije mogla ni da raširi krila. Strašno se mučila, sve dok jednog dana krletka nije ostala otvorena i ona nije izletela na slobodu. Ali nije dugo u njoj uživala. Pošto je poučena iskustvom postala previše nepoverljiva, gdegod bi videla hranu posumnjala bi da je klopka, i bežala. Stoga je za vrlo kratko vreme uginula od gladi.

I tako, dobivši utehu od te tri ptičice, koje su sve uginule, Mario je mogao mirno da se prepusti snu. Ali utom primeti da u njegovoj sobi nedostaje nešto na šta je bio navikao: bratovljevo hrkanje. Zar Đulio još ne spava? U to doba! To bi bilo vrlo ozbiljno.

Na vrhovima prstiju priđe vratima druge sobe. Svetlo je bilo ugašeno, ali Đulio ga je, još budan, čuo i zamolio da uđe.

Kada je Mario upalio lampu, Đulio ga pogleda zabrinuto, i iz straha da bi mogao dobiti još grdnje, priznade šta ga muči: „Nikako da se smirim što sam ti dodatno otežao muku jer nisam mogao da se setim šta je tačno rekao onaj momčić."

„I ti zbog toga ne spavaš?" uzviknu Mario duboko potresen. „Oh, ne, molim te. Moraš da spavaš, odmah. Sad znam zašto ni ja nisam mogao da zaspim. Da bih se opustio moram da te čujem da spavaš. Hajde, smiri se. Pričaćemo o tome sutra..." I spremi se da ugasi svetlo.

Đulio nije mogao da veruje svojim ušima da tolika nežnost preplavljuje njegovu postelju. I poželeo je da još malo u njoj uživa. Ne dade Mariju da ugasi svetlo. „Smirio si se malo. Zašto mi sad ne bi čitao? Je l' ti je prošlo grlo? Ja ne spavam dobro otkad više nema čitanja pred spavanje."

I Mario, sasvim dobronamerno, jer je zaboravio u kakvom je stanju bio kad mu se uspeh smešio siguran i nadomak ruke, uzviknu: „Nisam znao za to, inače bih ti čitao svake večeri koliko god treba, pa i više od toga. S grlom nije bilo ništa ozbiljno, prošlo me je. Ako hoćeš, čitaću ti De Amičisa i Fogacara. Tako ćeš brzo zaspati."

Ova poslednja rečenica mogla je odati utisak da je šala već tad bila zaboravljena. Da je Gaja bio prisutan pomislio bi, razočaran, da je s jednim takvim uobraženkom svaka šala beskorisna. A u stvari, za Marija, u tom času, književnost uopšte nije postojala. Postojao je samo bolesni brat, kome je trebalo dati onoliko književnosti koliko mu je bilo potrebno. I pomirio se sa sudbinom da svoju ili tuđu književnost spusti na nivo klistira.

Ali te večeri nije hteo da čita. Bilo je kasno, i morao je da odspava bar nekoliko sati. Trebalo je da pred Gaju stane smiren i odmoran. I umesto književnosti, darovao je Đulija novim talasom ljubavi. Ponašao se prema njemu majčinski, s autoritetom i beskrajnom nežnošću, uz naredbe i obećanja. Rekao mu je da sad mora da spava, ali da će se naredne večeri zajedno vratiti svom slatkom starom običaju. Čitaće mu i dela drugih autora, ali i neke svoje stvari o kojima mu nikad nije pričao i koje mu sad otkriva. Brojne basne prikupljene u najstrožoj samoći. Niko drugi nije smeo da posumnja da postoje. Bila je to svojevrsna kućna književnost, nastala u dvorištu i predodređena za tu sobu. Štaviše, nije uopšte bila književnost, jer književnost je nešto što se prodaje i kupuje. Ovo je bilo za njih dvojicu i ni za koga više. „Videćeš, videćeš. Kratke su, i zato nisu dobre za uspavljivanje. Ali dok ti ih budem čitao, pričaću ti kako su nastale, jer svaka od njih seća na jedan moj dan, ili još bolje, na ispravku mog dana. Treba da se pokajem za sve ono što sam učinio, ali videćeš da su moje misli bile opreznije od mojih postupaka."

Ubrzo zatim Đulio je zahrkao, a malo kasnije, blažen zbog svog uspeha s bratom, i sam Mario uroni u san. A kao pratnja žestokom fijukanju bure pridružili su se Đulijevi ravnomerni zvuci, a ubrzo i pokoji glasan uzvik Marija koji je, u snu, i dalje bio ubeđen da zaslužuje nešto drugo, da zaslužuje bolje. Neslana šala nije mogla da promeni njegov san.

## VIII

Ali rano sledećeg jutra, on je ustao i ponovo se suočio sa svojim bolom i svojim besom. Svet, kojim je i dalje besnela bura pod namrgođenim nebom, izgledao mu je prilično tužan, budući lišen Vestermanovog prisustva. Brat je još spavao. Priđe njegovim vratima. Mario se zadovoljno osmehnu pošto je primetio da je tokom dugog okrepljujućeg sna spavačevo disanje postalo manje bučno. Pomisli glasno: „Odmah ti se vraćam, svim srcem, tebi koji me voliš."

Boreći se sa burom, uputi se pravo u Gajin stan, koji se nalazi u jednoj od ulica paralelnih sa Kanalom, u to vreme još uvek pustih. Krenuo je čak da se penje uz stepenice, ali onda se predomisli i vrati se na ulicu. Takva objašnjenja nisu smela da imaju svedoke. Trebalo je sve obaviti tako da se podvala – ako je stvarno bila reč o podvali – ne pročuje. Za sad će čekati Gaju na ulici a onda će ga, ako bude trebalo, nagovoriti da pođe s njim na neko mesto gde bi ga mogao kazniti. Kako su izgledala mesta na kojima možete nekog kazniti, a da pri tom ne ostavite rđav utisak? Mario nije znao. Ali, kao teoretičar kakav je bio, činilo mu se da je sve već predvideo. Važno je bilo da nađe Gaju.

Na kraju mu se posreći. Kad je već počeo da oseća neizdrživu hladnoću, ugleda kako se pojavljuje trgovački putnik, sav u žurbi. Došavši kući kasno kao i obično, čekao je u krevetu poslednji trenutak da bi ustao i na vreme stigao na posao.

Mario, kome su sad cvokotali zubi (ni sam nije znao da li od hladnoće ili od uzbuđenja), odlučno mu pođe u susret premećući po glavi dovoljno blage reči kojima bi tražio objašnjenje. Ali je Gaja na nesreću bio prilično rastrojen, možda zato što je žurio. Ni ne pozdravivši se, upita ga: „Ima li vesti od Vestermana?"

Reči pripremane s toliko brižljivosti ispariše, i Mario ne nađe druge. Čitavo njegovo telo bilo je poput luka koji se u dugim satima nestrpljivog čekanja sve vreme polako zatezao dok nije došao do krajnje granice izdržljivosti. Planu: zamahnu i nadlanicom zavali Gaji posred lica takvu šamarčinu za kakvu nije verovao da su njegova šaka i njegova ruka uopšte bile sposobne, budući da već dugo godina nisu znale ni za kakav nasilan pokret. Udarac je bio tako jak da su i njega zaboleli pesnica i ruka, i umalo ne izgubi ravnotežu.

Gajin šešir je odleteo na buri koja ga je podigla visoko uvis. Valja znati da je šešir, naročito kad duva ledena bura, veoma važan predmet, i Gaja se tu izgubi i ne stiže da odgovori, pošto je pogledom pratio svoj šešir, neodlučan da li da potrči za njim. To mu je na trenutak dalo izraz ravnodušnosti, koji prenu Marija. Možda je pogrešio. Možda Vesterman ipak postoji. Našta će onda on ličiti? Bio je to trenutak ispunjen teskobom i strahovitom nadom. Njegov pogled je i dalje bio preteći, iako je razmišljao o tome da će možda već sledećeg trenutka morati da se baci Gaji pred noge.

Za to vreme Gajin šešir, pošto je pao na zemlju, nestade kotrljajući se po pločnicima odmah iza prvog ugla. Kretao se prema Kanalu, u svoju sigurnu propast, i Gaja shvati da ga više neće uhvatiti. Priđe Mariju, od koga ga je odbacila šamarčina, i Mario preblede kada je shvatio da hoće da razgovara a ne da mu vrati. Kod svih inteligentnih životinja primećuje se da jak fizički bol poput ovog koji je izazvan kod Gaje, podstiče snažan osećaj pretrpljene nepravde. I u tom trenutku, da bi mogao da se pobuni, priznade: „Zašto? Zbog jedne bezazlene šale."

I tako Mario, u očaju, ali i s olakšanjem, saznade da Vesterman stvarno ne postoji. Prethodnu šamarčinu odmah zapečati drugom. I time bi se zadovoljio, da je njegova krotka duša mogla da se umeša. Ali, za nekog ko nije vičan, teško je prekinuti s batinama kad se tome prepusti svom žestinom. I tako je po glavi jednog trgovačkog putnika pljuštala kiša novih snažnih udaraca, koje je Mario zadavao obema rukama, jer sad je već levica morala da pomogne desnici koja je bila gotovo oduzeta od bola.

Tek tad Gaja shvati da će morati da pruži otpor, jer u suprotnom nije mogao znati kada će se Mario zaustaviti. Primače se preteći Mariju, ali je bio toliko slab da ga novi udarac stiže posred lica iako je na vreme pokušao da se zakloni. Uplaši ga i Mariov promukao krik za koji pomisli da je znak nadljudskog besa. A u stvari ga je iz Mariovog grla istrgnuo bol iščašene ruke. Gajin nos je krvario i, pod izgovorom da stavlja maramicu na njega, jadni komendijaš se odmaknu na korak od Marija.

To baš nije bilo pravo mesto za kažnjavanje, ali Mario nije primetio. Jedna seljanka, punačka i sva umotana, s korpom na ruci, zastade da ih posmatra. Gaja oseti stid između ostalog i zato što je Mario napokon povratio moć govora i dovikivao mu je najstrašnije pogrde: „Pijanduro, bestidniče, lažovčino." Htede da nađe neki muški izraz, ali nije uspeo jer mu je bilo loše, jako loše, a i zabrinuo se. Znao je sasvim pouzdano da je dobio udarce u glavu, ali mu nije bilo jasno zašto ga boli kuk. Da ga je bolela glava ne bi se brinuo. Dahćući, reče Mariju: "Nemoj da se ponašamo kao prostaci. Ja ti u potpunosti stojim na raspolaganju."

"Ti ćeš da mi pričaš o finoći, ti?" zaurla Mario. "Zar ne osećaš čak ni stid zbog dobijenih šamara?". I tu Mario najzad nađe načina da izgovori reči s kojima je hteo da započne objašnjavanje: "Ne zaboravi, ako ti budeš razglasio ovu podvalu koju si se drznuo da mi prirediš, ja ću svima obznaniti šta se ovde dogodilo i ponoviću postupak kroz koji si upravo prošao, al' će onda biti i šutiranja." To ga podseti da na ovom svetu postoji i šutiranje što odmah sprovede u delo nad sirotim Gajom.

A ovaj, ponavljajući uporno da je on na Mariovom raspolaganju, i držeći maramicu preko pola lica, povuče se prema svojoj kući, s pretnjom u očima ali potpuno nemoćnog i malaksalog tela. Mario nije pošao za njim i, duboko zgađen, okrenu mu leđa.

Osećao se bolje, mnogo bolje. Moralne pobede, nema nikakve sumnje, veoma su važne, ali je i pobeda mišića jednako zdrava. Srce dobije talas nove vere kroz venu u kojoj kuca, povrati se i ojača.

Uputi se prema kancelariji. Bura je tako snažno duvala da je pred mostom na Kanalu morao da zastane i skupi svu snagu da bi prešao preko njega. I tako ugleda predstavu koja ga zaista razveseli. Na vodi je, prema pučini, i to prilično brzo, plovio Gajin šešir. U stvari jedrio. Jedro je činio komadić oboda koji je virio iz vode i hvatao vetar.

Zatim se muški suoči s neprijatnim trenutkom kada je trebalo da kaže Braueru o podvali. Bilo je vrlo lako. Brauer je slušao ne trepćući. Nije uopšte bio iznenađen jer se sećao svoje iznenađenosti kad je saznao da se za jedan roman nudi tako visok iznos. Zapljeska kad je čuo za prvu šamarčinu udarenu Gaji a, kod druge, čvrsto zagrli Maria.

Zatim se dogodi nešto neočekivano. Otkriće: i najpraktičnijim ljudima dešava se da izbliza prate razvoj stvari, da ih savršeno poznaju od samog početka, i da se na kraju zaprepaste kad se nađu pred ishodom koji je mogao da se predvidi, da je samo bačeno na papir nekoliko brojki. To je zato što neke činjenice proguta crna noć kada neke druge pored njih blistaju svetlošću zaslepljujućeg sjaja. Dotad je sva svetlost bila usmerena na roman, koji je sad propadao u mrak; i Brauer se tek onda setio da je za Mariov račun prodao dvesta hiljada kruna po kursu od sedamdeset pet. Ali austrijski kurs, poslednjih dana, toliko je pao da je, zahvaljujući toj transakciji, Mario na kraju zaradio sedamdeset hiljada lira, tačno polovinu od onoga što bi dobio da je ugovor s Vestermanom bio zaista zaključen.

Mario najpre uzviknu: „Ja taj prljavi novac neću". Ali Brauer se začudi i rasrdi. Piscu je možda pripadalo pravo da u svetu trgovine piše pisma, ali ne da sudi o dobrom poslu. Ako odbije taj novac, Mario će pokazati da nije dostojan bilo kakve dalje saradnje u poslu.

Pošto je podigao taj veliki iznos, čak je i Mario osećao bezgranično divljenje. Čudan je ljudski život, i tajanstven: s poslom koji je Mario nesvesno napravo, počela su iznenađenja posleratnog perioda. Vrednosti su se menjale bez ikakvog pravila, i mnogi nedužni poput Marija bili su nagrađeni za svoju nedužnost ili su, zbog svoje nedužnosti, bili upropašćeni; sve te stvari su oduvek bile poznate, ali su sad izgledale kao nešto sasvim novo jer su se događale u takvim razmerama da su bezmalo mogle biti i životno pravilo. I Mario, zbog onog novca koji je osećao u džepu, stade zadivljeno da posmatra i proučava tu pojavu. Zbunjen, mrmljao je: „Lakše je razumeti život vrabaca nego naš." Ko zna, možda i vrapcima naš život izgleda toliko jednostavan da pomisle da ga mogu svesti na basne."

Brauer reče: „Ona mrcina od Gaje, kad je već smislio sličnu prevaru, trebalo je da uđe s iznosom od najmanje petsto hiljada kruna. Onda bi ti imao u džepu toliko mnogo kruna da bi ti bile dovoljne do kraja života."

Mario se usprotivi: „Ali ja onda ne bih naseo. Nikad ne bih prihvatio da neko za moj roman hoće toliko da plati." Brauer je ćutao.

„Samo da ova moja neočekivana sreća ne razotkrije podvalu na koju sam naseo," požele Mario zabrinuto.

Brauer ga razuveri. Niko neće saznati jer niko u Banci nije znao poreklo te transakcije. Ni Gaja, ustvari, nije saznao za to; inače bi, u suprotnom, s pravom tražio svojih pet odsto provizije.

Novac je braći bio veoma koristan. S obzirom na skromnost njihovih navika, za dugi niz godina, ako ne i zauvek, obezbedio im je lakši život. A grimasu koju je napravio dok je podizao, Mario nije ponovio kad ga je trošio. Katkad mu se čak činilo da ga je dobio – izuzetno vredna nagrada – na temelju svog književnog dela. Međutim, njegov um naviknut da se iskazuje u vrlo preciznim rečima, nije dozvolio da bude zavaran onoliko koliko bi bilo potrebno za njegovu sreću.

To dokazuje sledeća basna, kojom je Mario pokušao da oplemeni svoj novac:

*Lastavica reče vrapcu: 'Ti si jedno bedno stvorenje, jer se hraniš splačinama koje skupljaš po zemlji.' Vrabac odgovori: 'Splačine koje hrane moj let, uzdižu se sa mnom.'*

A zatim, da bi još bolje odbranio vrapca s kojim se poistovetio, Mario mu napisa još jedan odgovor:

'*Povlastica je znati hraniti se i stvarima koje leže na zemlji. Ti koja nemaš tu povlasticu, osuđena si na večno bežanje.*'

Basna izgleda nije htela da se tu završi, jer mnogo kasnije, drugim mastilom, Mario je ponovo dao reč vrapcu:

'*Jedeš leteći, jer ne umeš da hodaš.*'

Mario je sebe skromno uvrstio u životinje koje hodaju, vrlo korisne životinjice koje uistinu mogu prezirati one kojima je uživanje u letenju oduzelo svaku želju za daljim napredovanjem.

I tu nije bio kraj. Čini se, štaviše, da je o toj basni razmišljao svaki put kad bi osetio koliko je dobro što raspolaže tolikim novcem. Jednog dana se ni manje ni više nego naljuti na lastavicu, koja je pak samo jedan jedini put otvorila kljun:

'*Usuđuješ se da kudiš jedno stvorenje jer nije kao ti?*'

Tako je govorio vrapčić sa svojim maleckim mozgom. Ali kad bi se sve životinje obavezale da gledaju svoja posla i da ne nameću svoje sklonosti pa čak i svoje delove tela drugima, na ovom svetu više ne bi bilo basni; a nema ni govora da je Mario hteo baš to.

Trst, 14. oktobar 1926

# ITALO ZVEVO, U ŠALI

Najpoznatije Zvevovo delo jeste roman *Zenova svest*. Kao što je italijanski izraz *consienza* dvosmislen, i podjednako znači *svest* i *savest*, ni sam roman nije bez svojih dvosmislenosti. Reč je zapravo o ispovedanjima izvesnog junaka koji odlazi kod psihoanalitičara da bi se odvikao od pušenja. Kad je roman prvi put objavljen, oni koji su morali nešto da kažu, govorili su da je stvar beznačajna, da je junak beznačajan i da, ukratko, nema ničeg vrednog i trajnog u Zvevovoj prozi. Na jedno su ipak pristajali: prisustvo nekog osobenog humora. Ta humorna žica se može otkrivati kao više ili manje prisutna i u drugim Zvevovim knjigama. U romanima *Jedan život, Senilnost,* kao i u pregršti kratkih priča. Odblesak istog humora vidljiv je i ovde, u *Neslanoj šali*.

Osvrnemo li se i na sam život Itala Zveva, mogli bismo da zaključimo da je i on bio neka vrsta produžene šale. Pravim imenom Aron Etore (ili Hektor) Šmic, kada je počeo da piše izabrao je pseudonim Italo Zvevo, što znači „Italijan Švaba", i ukazuje na njegovo mešano poreklo. Majka mu je od Moravijinih, čuvene rimske jevrejske familije. Otac je nemačkog porekla, od austrijske loze. Rođen je 1861. godine u Trstu, ali je škole učio u Nemačkoj. Otac mu je bankrotirao, a on je napustio školovanje i počeo da radi u jednoj od tršćanskih banaka. Iako je sebe već video kao pisca, u banci je radio bezmalo sledećih dvadeset godina. Tim poslom bio je nadahnut njegov prvi roman, *Jedan život*. I taj prvi, kao i sve ostale svoje romane, i knjige, on sam je finansirao. I nijedan nije bio prihvaćen ni u kritici ni među čitaocima. Pošto je objavio drugi roman, *Senilnost*, čiji protagonista već u mladosti pati od osećaja prerane senilnosti, zaćutao je sledećih dvadeset i pet godina. Niko ga nije ni prihvatao ni cenio, pa čak ni znao za njega. Tako sve do pojave Džejmsa Džojsa u Trstu, 1907, koji će prvi uočiti vrednost Zvevovog književnog eksperimenta, i biti podsticaj samom Zvevu da nastavi sa pisanjem. Kasnije će se Džojsu pridružiti još samo pesnik Euđenio Montale, ali ništa više nije pomagalo da se Zvevo sagleda kao ono što doista jeste: prvi moderni italijanski romanopisac, i koji je među prvima uključio psihoanalizu u svoje književne projekte (čak je počeo sa sestrićem, doktorom, da prevodi Frojdovo *Tumačenje snova*). Bez obzira što se pokazao kao prilično dobar poslovni čovek, njegov život lišen istinske afirmacije završio se baš kao u nekoj od njegovih priča. Zvevo je stradao 1928. godine u automobilskoj nesreći, kad automobila jedva da je i bilo: ali, nije umro baš od sudara, nego mu je nekoliko dana potom srce naprosto otkazalo.

I ovaj kratki roman, okončan takoreći uoči piščeve smrti, svedočeći o Zvevovom proznom majstorstvu, može biti uzet kao još jedan umetnički poduhvat koji otkriva, u gorčini izvesne šale i toplini ljudskih odnosa, istine duboko skrivene u nama. *Neslana šala* ironičan je opis iluzije, samoobmanjivanja, u svetu koji ne ceni nikakve sanjarije. Sudbina nepraktičnosti u praktičnom svetu. Kao što kaže engleski pisac Tim Parks, to je divna komedija u kojoj raznolike, maltene neverovatne okolnosti pomažu dovitljivosti kreativnog duha u njegovom očajničkom naporu da iznova izgradi svoje samopoštovanje i dostojanstvo. Ulovljen u fantaziju o uspehu i slavi, postariji, neuspešan pisac, Mario Samilji, čak zanemarujući svog voljenog brata invalida, kao plen šale, odjednom je bačen na put koji vodi jedino u razočaranje. Ne čini li nam se to nekako kao poznato? Koliko nas se zatiče u takvoj situaciji? I zato ovaj kratki roman čitamo nadušak, utoliko pre što ga je prevela Elizabet Vasiljević, jedna od nesumnjivih prvakinja italijanskog prevođenja kod nas.

J. Aćin

Izdavačko preduzeće
RAD
Beograd, Dečanska 12

\*

Glavni urednik
NOVICA TADIĆ

\*

Grafički urednik
MILAN MILETIĆ

\*

Lektor i korektor
MIROSLAVA STOJKOVIĆ

\*

Nacrt za korice
JANKO KRAJŠEK

Digitalizacija slova
DARKO STANIČIĆ

\*

Za izdavača
SIMON SIMONOVIĆ

\*

Štampa
Elvod-print, Lazarevac

Primeraka 500

CIP – Каталогизација у публикацији
Народна библиотека Србије, Београд

821.133.1-31

ЗВЕВО, Итало

Neslana šala : roman / Italo Zvevo [sa italijanskog prevela Elizabet Vasiljević]. – Beograd : Rad, 2005 (Lazarevac : Elvod-print). – 80 str. ; 21 cm. (Biblioteka Reč i misao ; knj. 565)

Prevod dela: Una Burla Riuscita / Italo Zvevo. – Primeraka 500. – Napomene uz tekst. Str. 79–81: Italo Zvevo, u šali / J. Aćin.

ISBN 86-09-00890-8

COBISS.SR-ID 125827596

www.ingramcontent.com/pod-product-compliance
Lightning Source LLC
LaVergne TN
LVHW021617080426
835510LV00019B/2623